KB263792

| 시작한 날 | | | | 년 | | 월 | | 일 |
| 마지막 날 | | | | 년 | | 월 | | 일 |

1일 1주제 9분 만에 끝내는
119 인공지능

초판 1쇄 발행 2025년 12월 30일

지은이 김동은

펴낸이 윤주용
편집 도은주, 류정화 | 마케팅 조명구 | 홍보 박미나
외주편집 장기영, 박미선

펴낸곳 초록비책공방
출판등록 2013년 4월 25일 제2013-000130
주소 서울시 마포구 동교로27길 53 308호
전화 0505-566-5522 | 팩스 02-6008-1777

메일 greenrainbooks@naver.com
인스타 @greenrainbooks @greenrain_1318
블로그 http://blog.naver.com/greenrainbooks

ISBN 979-11-24126-05-9 (44080)
      979-11-24126-02-8 (세트)

* 정가는 책 뒤표지에 있습니다.
* 파손된 책은 구입처에서 교환하실 수 있습니다.
* 저작권을 준수하여 이 책의 전부 또는 일부를 어떤 형태로든 허락 없이
  복제, 스캔, 배포하지 않는 여러분께 감사드립니다.

어려운 것은 쉽게 쉬운 것은 깊게 깊은 것은 유쾌하게

초록비책공방은 여러분의 소중한 의견을 기다리고 있습니다.
원고 투고, 오탈자 제보, 제휴 제안은 greenrainbooks@naver.com으로 보내주세요.

1일 1주제 9분 만에 끝내는 인공지능

김동은 지음

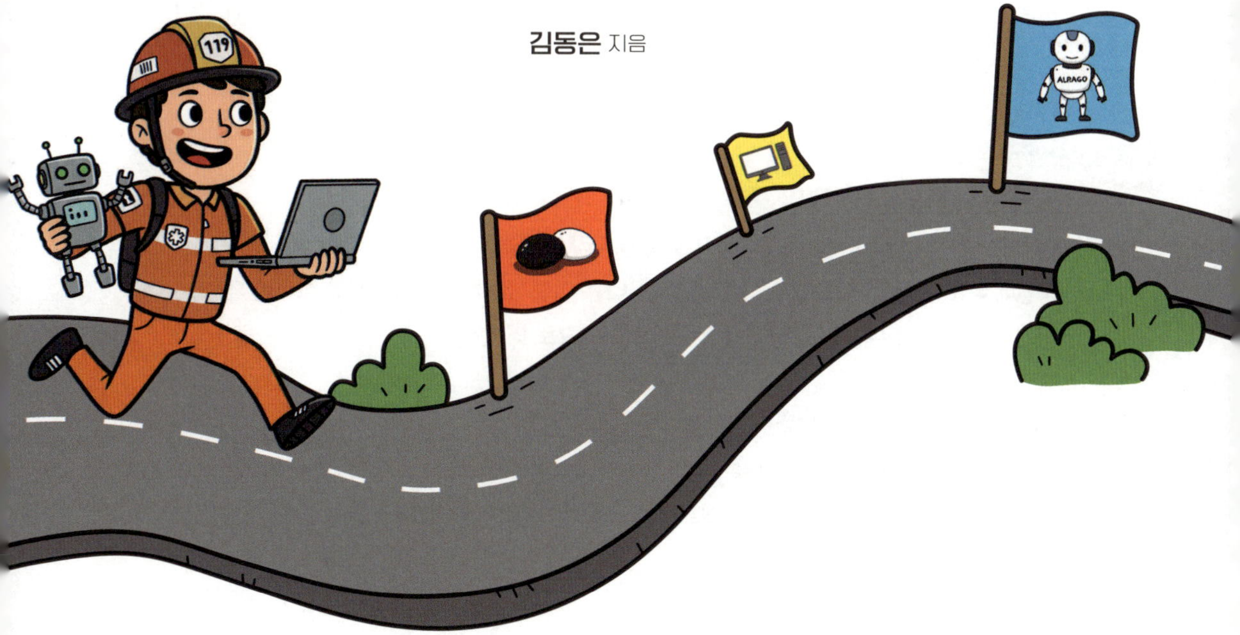

초록비책공방

119 시리즈는 하루 9분, 하나의 주제로 공부 습관을 만드는 책이야. 교실에서 아이들과 함께해 온 현장 선생님들이 직접 쓴 책이라서 너희가 꼭 알아야 할 개념과 생각하는 방법을 쉽고 정확하게 알려줄 거야. 이 책을 더 잘 활용할 수 있는 방법을 소개할게.

1. 하루 한 꼭지, 9분만 집중해 볼까?

119 시리즈는 '읽기 → 생각하기 → 정리하기' 순서로 이어져 있어. 먼저 질문으로 호기심을 열어주고 이어지는 짧은 이야기와 설명을 통해 자연스럽게 개념을 익힐 수 있지. 하루 2~4페이지 분량이라 부담 없고 꾸준히 하기에 딱 좋아.

2. 교과와 연계된 학습 키워드로 중심 잡기

각 꼭지는 학교에서 배우는 교과 단원과 연결되어 있고, 교과 개념과 연결된 학습 키워드를 중심으로 내용이 이루어져 있어. '왜 이걸 배우는지', '교과에서 어디와 연결되는지'를 자연스럽게 이해할 수 있지. 학교 수업과 함께 보면 훨씬 더 깊게 이해되고 복습 효과도 좋아.

3. 배운 내용을 '나만의 말'로 정리해 보기

이 책은 단순히 외우는 공부보다 생각 흐름을 따라 개념을 이해하도록 되어 있어. 본문 중간에 나오는 질문에 스스로 답해 보면 "아, 나는 이렇게 이해했구나!" 하고 정리가 돼. 이런 과정은 바로 논술형 평가에서 필요한 사고력으로 이어져.

4. <실력 쑥쑥 119>로 바로 복습하기

각 꼭지 바로 뒤에는 <실력 쑥쑥 119> 문제가 있어. 오늘 배운 내용을 잘 이해했는지 스스로 확인할 수 있고 중요한 개념만 다시 한 번 떠올릴 수 있어서 공부 효과가 훨씬 커져.

5. <더 알아보기 119>로 배움을 확장하기

선생님이 직접 고른 책·영상·사이트가 매 꼭지마다 소개되어 있어. 궁금한 내용을 조금 더 깊게 알고 싶거나 호기심이 생긴 부분이 있다면 여기 있는 자료들을 통해 탐구를 이어가 봐. 스스로 공부를 확장하는 힘을 자연스럽게 기를 수 있어.

6. <진로 119> 코너로 배움과 미래를 연결해 보기

각 챕터 끝에는 <진로 119> 코너가 있어. 오늘 배운 내용이 어떤 직업과 연결되는지 알려주고 내가 좋아할 만한 분야가 무엇인지 생각해 볼 수 있어. 공부와 진로를 따로 떼어놓지 않고 자연스럽게 이어주는 구성이야.

7. 매일 9분, 꾸준함이 진짜 실력이야

하루 9분은 짧아 보이지만 매일 쌓이면 사고력·문해력·기초 개념·교과 이해도가 놀랍게 자라게 돼. 119 시리즈와 함께 익숙한 교과 내용을 새로운 이야기와 질문으로 만나다 보면 자기만의 공부 루틴이 단단하게 자리 잡을 거야.

인공지능 하면
어떤 장면이 떠올라?

혹시 영화 〈아이언맨〉 속 '자비스' 같은 똑똑한 비서? 아니면 〈터미네이터〉 속 무서운 로봇? 아니면 그냥 스마트폰 속 '시리'나 '빅스비' 정도? 사실은 다 맞아. 왜냐하면 인공지능은 우리 일상 속에서 이미 다양한 모습으로 존재하고 있거든.

지금도 우리가 유튜브에서 보고 있는 영상, 틱톡에서 추천되는 콘텐츠, 심지어 급식실 메뉴를 검색했을 때도 인공지능이 뒤에서 일하고 있어. 어떤 친구는 "AI는 과학자들이나 다루는 어려운 거 아닌가요?"라고 묻기도 해. 하지만 사실은, 우리가 하루도 빠짐없이 쓰고 있는 기술이 바로 인공지능이야. 이 점을 꼭 알았으면 해.

그래서 이 책을 쓰기 시작할 때 가장 먼저 떠올린 건 "어떻게 하면 인공지능을 지루하지 않게, 동시에 깊이 있게 이해할 수 있을까?"였어. '인공지능'이라는 말은 너무 거창하고 무겁게 들릴 수 있잖아. 하지만 사실 알고 보면 엄청 흥미롭고, 우리 생활과 딱 맞닿아 있거든.

‘119’하면 뭐가 생각나? 긴박하고 급한 상황이겠지? 사실 이 책의 ‘119’는 두 가지 의미가 있어.

첫째, 위급 상황처럼 빠르게 달려가서 꼭 필요한 순간에 도움을 주는 인공지능 지식을 전해준다는 의미.

둘째, 하루에 딱 9분만 투자하면 1주제(1일 1주제)를 배우는 구성이라서 ‘119’야. 부담스럽지 않으면서도 꾸준히 하면 쌓이는 힘이 엄청 커.

책은 총 50개의 주제로 구성돼 있어. 처음에는 인공지능의 정체가 뭐고, 어떻게 태어났는지 알아보는 데서 시작해. 예를 들어 앨런 튜링이 만든 ‘튜링 테스트’, IBM의 체스 인공지능 딥블루, 그리고 알파고와 이세돌의 대결 같은 이야기를 다루지. 이런 역사적 순간들을 통해 “아, AI가 그냥 뚝 떨어진 게 아니라 수십 년의 도전과 실패 끝에 지금에 이르렀구나.” 하고 깨닫게 될 거야.

중반부에는 인공지능의 공부법, 데이터와 빅데이터, 딥러닝 같은 원리를 다뤘어. 그냥 개념만 설명하는 게 아니라, 실제로 넷플릭스가 드라마를 추천하는 방식, 스마트폰이 사진 속 얼굴을 알아보는 원리 같은 구체적인 사례를 통해 설명해 놓았으니 참고해 줘.

후반부에는 AI가 바꾸는 미래 사회, 예를 들어 자율주행 자동차, AI 의사, 스마트 도시, 환경 문제 해결, 기후변화 대응 같은 이야기도 담겨 있어. 마지막으로는 인공지능이 잘못 쓰일 때 생길 수 있는 편견, 개인정보 유출, 윤리 문제까지 함께 고민하는 시간을 만들어 볼거야. 이 책을 읽으며 단순히 “AI는 멋지다”가 아니라 “AI를 어떻게 잘 써야 할까?”라는 질문을 스스로 던지게 되기를 바라.

차 례

1부. 인공지능, 정체가 뭐야?

1부
인공지능,
정체가 뭐야?

AI, 넌 도대체 뭐 하는 녀석이니?

인공지능의 개념과 정의

인공지능이 발전하면서 우리 사회는 초연결·초지능 시대로 빠르게 변하고 있어.
음성 검색으로 원하는 콘텐츠를 바로 추천받고 수많은 자료를 몇 초 만에 찾는 것도 그 예야.
이렇게 우리 일상에 스며든 인공지능을 잘 활용하려면 그 개념과 의미를 알아두는 게 필요해.

학습 키워드　#인공지능　#AI　#앨런튜링
교과 연계　중2 〉 1학기 〉 기술·가정 〉 IV-1 기술의 이해

2024년 3월 1일, 제105주년 3·1절 기념식에서는 특별한 장면이 있었어. 서울 종로구 탑골공원 팔각정에서 인공지능으로 구현된 독립운동가 정재용 선생이 검은색 두루마기를 입고 스크린에 나타나 독립선언서를 낭독한 거야. 105년 전의 모습으로 등장한 정 선생이 선언문을 읽자, 그의 증손자도 함께 따라 읽으며 "독립 만세"를 외쳤지. 인공지능이 단순히 기술적인 도구가 아니라, 세대를 이어 사람들을 연결하는 역할까지 할 수 있다는 걸 보여주는 장면이었어.

그렇다면 인공지능은 도대체 뭘까? 인공지능AI, Artificial Intelligence은 원래 인간이 할 수 있는 지능적인 활동, 예를 들면 인식, 사고, 학습 같은 걸 기계가 할 수 있도록 만든 기술이자 학문 분야야. 그런데 '지능'을 어떻게 정의하느냐에 따라 인공지능의 정의가 조금씩 달라져. 그래서 학자

↑ 영화 〈이미테이션 게임〉 포스터

↑ 앨런 튜링

들도 각자 다른 관점에서 연구를 해왔지.

가장 먼저 떠오르는 이름은 앨런 튜링이야. 영화 〈이미테이션 게임〉의 주인공으로도 잘 알려진 그는 인공지능 개념을 처음으로 본격적으로 제시했어. 제2차 세계대전 당시 독일군의 암호 '애니그마'를 해독하기 위해 초기 컴퓨터 장치를 만든 인물이기도 하지. 튜링은 '튜링 테스트Turing Test'를 제안했는데, 이 테스트는 컴퓨터, 사람, 심사원이 서로 다른 방에 들어가 메시지를 주고받은 후 심사원이 어떤 상대가 컴퓨터인지 구별해 보는 일종의 시험이야. 대화를 나눈 뒤, 상대가 사람인지 기계인지 구별하지 못한다면 그 컴퓨터를 인공지능으로 인정할 수 있다는 시험이야. 하지만 아직까지 완벽하게 튜링 테스트를 통과한 인공지능은 없어. 왜냐하면 인간의 감정과 사고를 완전히 흉내 내기는 여전히 어렵기 때문이야.

어떤 학자들은 인간처럼 생각하는 인공지능, 즉 인간의 사고 과정을 흉내 내는 걸 목표로 했어. 심리학과 뇌 과학 연구를 참고해서 인간의 인지 과정을 모델로 만들려 했지. 하지만 사람의 마음을 기계로 완전히 재현하는 건 쉽지 않았어.

그래서 또 다른 학자들은 '합리적으로 행동하는 기계'를 만들자고 주장했어. 예를 들어 길을 찾을 때 여러 경로 중 가장 효율적인 길을 알려주는 내비게이션 같은 게 바로 합리적 행동을 하는 인공지능이야. 여기서 더 나아가, '합리적으로 사고하는 기계' 연구도 있었어. 삼단 논법처럼 옳은 전제에서 올바른 결론을 도출하는 과정을 인공지능에 적용해 보려 한 거지. 하지만 세상에는 애매한 상황이 훨씬 많아서 이 방법만으로는 한계가 있었어.

결국 인공지능의 정의는 하나로 고정된 게 아니야. 사람처럼 행동하는지, 사람처럼 생각하는지, 아니면 가장 합리적으로 문제를 해결하는지를 기준으로 학자들이 조금씩 다르게 정의해 온 거야. 중요한 건 인공지능이란 개념이 계속 변화하고 확장되고 있다는 사실이지.

1. 다음 중 인공지능의 개념에 대한 설명으로 옳은 것은?

　① 인간의 지능을 모방하여 만든 기계 및 시스템
　② 컴퓨터 프로그램을 통해 문제를 해결하는 기술
　③ 사람의 행동을 완벽하게 흉내 내는 로봇
　④ 늘 합리적으로 판단하는 인간의 특성을 반영하여 만든 기계
　⑤ 인간의 지능으로 수행할 수 있는 다양한 인식, 사고, 활동 등을 기계가 할 수 있
　　　도록 구현한 기술

2. 컴퓨터, 사람, 심사원이 서로 다른 방에 들어가 메시지를 주고받은 후 심사원이 어떤
　　상대가 컴퓨터인지 구별해 보는 일종의 시험 과정을 의미하는 것은 무엇일까?

3. 인공지능이 인간의 사고방식을 정확히 구현하기 어려운 이유는 무엇일까? 위 글을
　　참고하여 작성하되, 본인의 경험을 사례로 제시해 보자.

4. 인공지능이 인간 수준의 지능을 구현하기 위해 해결해야 할 과제들에는 무엇이 있
　　을까? 그리고 인공지능이 인간 수준의 지능을 완벽하게 구현하게 된다면 발생할
　　수 있는 이점과 문제점에는 무엇이 있는지 적어 보자.

더 알고 싶어 119

📑 도서　▶ 영상　🔍 사이트

▶ **AI란 무엇이고 얼마나 대단하며 단점은 없을까 (YTN 사이언스)**
　AI의 개념을 한 줄로 정리해 보자. 그리고 AI의 단점을 보완하기 위해서 우리는 어떤 태도를
　가져야 하는지도 생각해 보고 2가지를 적어 보자.

🔍 **모두의 연구소**
　최신 IT 정보, 인공지능 기술의 동향, 취업 정보, 데이터 분석 및 인공지능 기술 분석 사례 등
　인공지능의 현재 발전 상황을 한 눈에 볼 수 있는 곳이야. 둘러보면서 관심 있는 부분은 즐겨
　찾기해서 소식을 접해 보자!

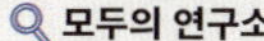

돌멩이 계산기에서 슈퍼컴퓨터까지

실패와 혁신으로 이어진 인공지능의 역사

인공지능은 요즘 갑자기 나타난 게 아니야. 오랜 시간 수많은 시도와 실패를 거쳐 지금 모습으로 발전해 온 거지. 새로운 기술은 언제나 기대와 불안을 함께 불러와. 산업혁명 때 노동자들이 기계 때문에 일자리를 잃을까 두려워 러다이트 운동을 했던 것처럼 말이야. 인공지능도 수많은 도전과 좌절, 그리고 혁신을 지나 지금에 이른 거야.

학습 키워드 #인공지능 #AI #앨런_튜링 #인공지능의_역사 #존_매카시
교과 연계 중2 〉 1학기 〉 기술·가정 〉 IV-1 기술의 이해

18세기 산업혁명 시기, 노동자들은 기계화로 일자리를 잃을까 두려워 러다이트 운동 같은 저항을 벌였지만, 결국 기술은 사회 발전의 중요한 계기가 되었어. 이 사례는 오늘날 생성형 AI가 이끄는 기술 혁명 속에서도 마찬가지로 변화에 적응하고 이해하는 태도가 필요하다는 점을 보여줘.

인공지능의 뿌리를 따라가면 1950년대로 거슬러 올라가. 영국의 수학자 앨런 튜링은 "기계가 생각할 수 있는가?"라는 질문을 던지며 인공지능 연구의 문을 열었어. 그는 〈계산 기계와 지능〉이라는 논문에서 기계가 인간처럼 학습하고 생각할 수 있는 가능성을 제시했고, 이를 실험하기 위한 '튜링 테스트'를 고안했지.

1956년 미국 다트머스 회의에서 존 매카시가 처음 '인공지능'이라

는 말을 사용하면서 본격적인 연구가 시작됐어. 그 무렵 여러 과학자들이 인공신경망, 기계 학습, 문제 해결 등을 연구하며 인공지능의 기초를 세웠어.

하지만 순탄한 길만 있었던 건 아니야. 1960년대 후반, 퍼셉트론이라는 초기 인공신경망 모델이 XOR 같은 간단한 문제도 풀 수 없다는 한계가 드러나면서 연구가 크게 위축됐어. 이 시기를 'AI의 겨울'이라고 해. 영국과 미국에서 연구 지원이 줄면서 한동안 인공지능은 침체기를 겪었지.

그런데 1980년대에 전문가 시스템이 등장하면서 다시 활기를 찾았어. 전문가 시스템은 특정 분야의 지식과 규칙을 모아 문제를 해결하는 프로그램이었어. 산업 현장에서 꽤 많이 쓰이긴 했지만, 유지와 관리가 어렵다는 한계 때문에 또다시 인기가 줄었어.

1990년대와 2000년대를 지나면서 컴퓨터 성능이 크게 좋아지고, 통계학과 데이터 분석이 발전했어. 이 덕분에 인공지능 연구도 다시 힘을 얻었지. 특히 2000년대 후반부터 딥러닝 기술이 주목을 받으면서 상황이 완전히 달라졌어. 2010년대에 들어서 이미지 인식, 음성 인식, 번역 같은 분야에서 인공지능이 인간을 뛰어넘는 성과를 내기 시작했지.

오늘날 인공지능은 게임, 금융, 의료, 예술 등 거의 모든 분야에 쓰이고 있어. 자율주행차, 스마트 스피커, 챗봇, 추천 시스템까지 우리가 매일 접하는 기술 속에 인공지능이 숨어 있지. 일부 과학자들은 이제 인간 수준의 범용 인공지능AGI, Artificial General Intelligence을 향해 나아가고 있어.

이렇게 살펴보면 인공지능의 역사는 성공과 실패가 반복된 도전의 역사라고 할 수 있어. 그렇다면 앞으로 인공지능은 어디로 향할까? 그 답은 우리가 얼마나 잘 이해하고 준비하느냐에 달려 있을 거야.

1. 인공지능의 개념을 처음으로 제시한 학자는 누구일까?

① 앨런 튜링   ② 존 매카시   ③ 마빈 민스키   ④ 하버트 사이먼
⑤ 스티브 잡스

2. 인공지능 연구가 본격적으로 시작된 시기는 언제일까?

① 1940년대   ② 1950년대   ③ 1960년대   ④ 1970년대
⑤ 1980년대

3. 앞으로도 인공지능의 침체기가 찾아올까? 자신의 생각과 근거를 구체적으로 적어 보자.

4. 인공지능의 역사를 살펴보면서 최근에 등장한 강인공지능을 구현하기 위해서 필요한 법적, 윤리적 장치에는 무엇이 있는지 찾아서 정리해 보자.

더 알고 싶어 119

📑 도서   ▶ 영상   🔍 사이트

▶ **스스로 생각할 수 있는 기계를 왜 만들었을까? 인공지능의 역사 (지식채널e)**
대중교통으로 이동하면서 쉽게 볼 수 있는 짤막한 영상이야. 인공지능의 역사를 살펴보며, 앞으로 인공지능이 어떻게 변화할지도 상상해보자.

🔍 **생성형 인공지능과 교육 (홍연기, 동양일보)**
생성형 인공지능과 교육은 어떤 관련성을 맺을 수 있는지를 쉽게 풀어낸 기사야. 생성형 인공지능의 특징이 무엇인지를 생각해 보면서 나의 학습과는 어떤 관련성을 맺을 수 있는지 생각 해보자.

🔍 **인공지능은 어떻게 발달해왔는가, 인공지능의 역사 (주민식, 삼성 SDS 인사이트 리포트)** AI의 발전 과정을 시대별로 정리하여 기술적 변화를 한눈에 볼 수 있는 전문 보고서야. 좀 더 깊이 있는 내용을 원한다면 이 자료를 읽어보면 좋아. 발표 자료나 보고서 쓸 때 참고하기에도 유용할 거야.

체스판 위의 인간 VS 인공지능

물질을 이루는 기본 입자, 원자

2016년, 세상은 알파고와 이세돌 9단의 바둑 대결에 주목했어. 많은 사람이 인간의 승리를 예상했지만 결과는 달랐지. 알파고가 4대 1로 이기면서 충격을 줬어. 인공지능이 이렇게 복잡한 바둑까지 이기다니, 정말 영화처럼 인간을 지배하는 날이 올까?

학습 키워드　#인공지능 #AI #알파고 #이세돌
교과 연계　중2 > 1학기 > 기술·가정 > IV-1 기술의 이해

우리는 인공지능이 인간과 경쟁하는 시대에 살고 있어. 그 대표적인 장면이 바로 알파고와 이세돌 9단의 대결이지. 사실 그전에도 인공지능이 인간을 이긴 적이 있었어. 1997년에 IBM의 체스 인공지능 '딥블루'가 세계 챔피언 개리 카스파로프를 꺾은 사건 말이야. 하지만 바둑은 체스보다 경우의 수가 훨씬 많아서, 인공지능이 쉽게 도전하기 어려운 분야였어. 그래서 알파고의 승리는 더 큰 충격을 준 거야.

인공지능은 어떻게 인간을 이겼을까?

그럼 알파고는 어떻게 이세돌을 이길 수 있었을까?

첫째, 엄청난 양의 데이터를 학습했어. 수많은 바둑 기보와 다른 인공지능과의 대국을 통해 실력을 쌓은 거지.

둘째, 막강한 컴퓨팅 파워를 갖췄어. 초기 알파고는 48개 CPU로 운영됐지만, 이세돌과의 대결에선 1,200개가 넘는 CPU와 GPU를 활용했어. 이 덕분에 바둑기사보다 수천 배 빠르게 다음 수를 계산할 수 있었지.

셋째, 특별한 알고리즘이 있었어. '몬테카를로 트리 탐색'이라는 기법인데, 무작위로 수를 두어본 뒤 그중 가장 가능성이 높은 선택을 고르는 방식이야. 예를 들어 알파고가 흰 돌로 대국을 벌인다고 가정할 때, 이세돌의 검은 돌이 어디에 위치하느냐에 따라 흰 돌을 두는 알파고의 선택이 달라지도록 하는 거야. 반복할수록 더 정확해지니까 바둑 같은 복잡한 게임에 특히 잘 맞았던 거지.

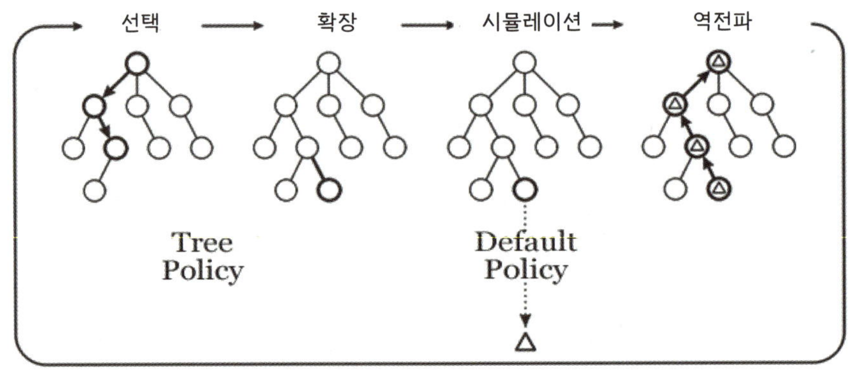

↑ 몬테카를로 트리 탐색의 과정 (경인교육대학교 인공지능교육연구소)

알파고의 승리는 단순히 '인공지능이 인간을 이겼다'는 소식만이 아니야. 인공지능 기술이 얼마나 빠르게 발전하고 있는지 보여준 사건이었어. 그렇다면 이러한 인공지능의 발전이 인간에게 어떤 영향을 미칠까? 어떤 사람들은 인공지능이 인간을 대체하지 않을까 걱정하기도 해. 하지만 전문가들은 인공지능이 인간을 완전히 대신하는 게 아니라, 함께 협력하는 미래가 올 것이라고 말해. 인공지능은 계산이나 반복 작업처럼 인간에게 힘든 일을 대신해 주고, 사람은 창의적인 활동에 집중할 수 있게 되는 거야.

앞으로 우리는 인공지능의 발전이 가져올 긍정적인 변화와 잠재적인 위험을 균형 있게 살펴봐야 해. 그리고 인간은 인공지능이 인간의 가치와 윤리를 존중하며 발전할 수 있도록 역할을 해야겠지. 결국 중요한 건 인공지능이 인간의 가치를 존중하고, 윤리적인 원칙을 지키면서 발전하는 거야. 그래야만 인간과 인공지능이 함께 더 나은 미래를 만들 수 있어.

1. 1997년 IBM의 체스 인공지능이 세계 체스 챔피언인 개리 카스파로프를 이겼을 때, 그 인공지능의 이름은 무엇이었을까?

① 딥러닝　　　② 딥블루　　　③ 알파고　　　④ 베타고　　　⑤ 포켓몬고

2. 다음 중 인공지능 알파고의 승리 비결로 옳은 것은? (정답 2개)

① 몬테카를로 트리 탐색 기법을 활용하였다.
② 컴퓨팅 파워를 당시 기술적 범위 내에서 최대치로 끌어올렸다.
③ 상대 바둑 기사에 관련된 빅 데이터와 바둑 기록을 삭제하였다.
④ 클라우드 컴퓨팅 기능을 최소화하고 활동량을 낮추었다.
⑤ 알고리즘의 성능을 올리는데 집중하며 개선하였다.

3. 알파고가 인간 플레이어를 이기면서도 존중과 배려의 태도를 보였다면 어떤 영향을 미쳤을지, 인간과 인공지능의 상호작용에서 필요한 윤리적 원칙은 무엇일까?

4. 알파고의 개발과 활용에서 발생할 수 있는 데이터 보안이나 사생활 침해 같은 윤리적 문제는 무엇이 있을까? 그리고 이를 해결하기 위한 방안은 무엇일까?

더 알고 싶어 119

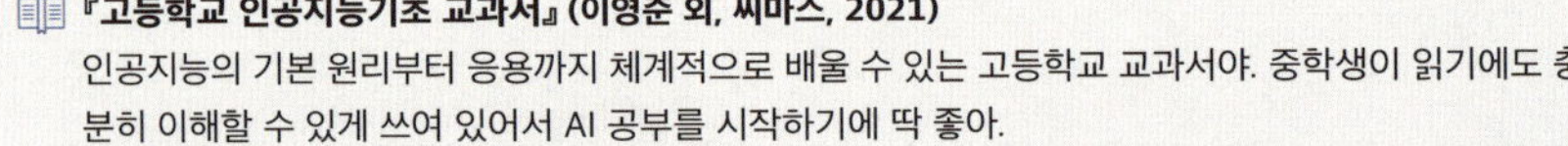

📖 『**고등학교 인공지능기초 교과서**』(이영준 외, 씨마스, 2021)
인공지능의 기본 원리부터 응용까지 체계적으로 배울 수 있는 고등학교 교과서야. 중학생이 읽기에도 충분히 이해할 수 있게 쓰여 있어서 AI 공부를 시작하기에 딱 좋아.

▷ **이세돌VS알파고 바둑 중계 영상 (바둑TV)**
2016년 세계를 놀라게 한 알파고와 이세돌 9단의 역사적인 대결을 실시간으로 볼 수 있는 중계 영상이야. AI가 인간을 넘어선 순간을 직접 확인할 수 있어서 AI의 능력을 실감할 수 있어. 바둑을 몰라도 해설이 친절해서 충분히 이해할 수 있을 거야.

🔍 **아주대학교 교수회, 알파고와 인공지능 〈탁류청론〉 42호**
알파고 사건이 우리 사회에 던진 의미와 인공지능의 미래를 학술적으로 다룬 교수님들의 토론 자료야. 좀 더 깊이 있는 분석을 원한다면 이 자료를 읽어보면 좋아. 토론 준비나 심화 학습에 유용할 거야.

AI가 세상을 흔들면?

인공지능 발전의 비밀

최근 인공지능은 상상 이상으로 빠르게 발전했어. 챗GPT처럼 글을 쓰는 건 기본이고,
이제는 그림을 그리고 목소리를 합성하며 단백질 구조까지 예측하지.
어떻게 이렇게 빨리 발전한 걸까? 또 앞으로 우리의 삶을 어떻게 바꿀까?

학습 키워드　#인공지능　#AI　#챗GPT
교과 연계　중2 〉 1학기 〉 기술·가정 〉 Ⅳ-1 기술의 이해

　　인공지능 기술은 우리 사회에 큰 변화를 가져오고 있어. 예전에는 단순한 알고리즘과 통계 기법을 단축하는 기술이었던 인공지능이 최근 몇 년 사이 큰 발전을 했어. 이제는 의료, 금융, 교육 같은 다양한 분야에서 인간 이상의 성과를 내고 있지. 이렇게 인공지능 기술이 빠르게 발전하고 있는 이유는 무엇일까? 앞으로 인공지능은 우리 삶에 어떠한 변화를 가져올지 알아보자.

　　인공지능 발전의 배경에는 크게 세 가지 요인이 있어.

　　첫째, 데이터 처리 능력의 향상이야. 컴퓨터와 데이터 저장 장치의 성능이 크게 발전하면서, 인공지능은 엄청난 양의 데이터를 학습할 수 있게 됐어. 그걸 통해서 인공지능은 복잡한 문제를 해결하고 정교한 예측을 할 수 있게 되었지. 구글 딥마인드가 만든 '알파폴드2'는 단백질 구

조 예측 문제를 단숨에 해결했는데, 원래는 1,000년 가까이 걸릴 거라고 여겨졌던 단백질 구조 예측을 단 2년 만에 가능하게 만든 거야. 이 덕분에 난치병 치료에도 희망이 열렸어.

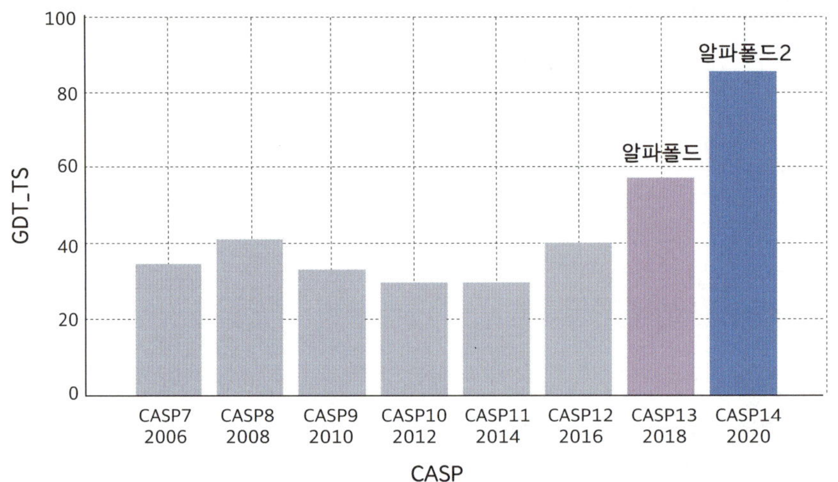

↑ 단백질 구조 예측 학술대회(CASP)에서 최고점을 받은 알파폴드2 (구글 딥마인드)

둘째, 딥러닝 기술의 발전이야. 딥러닝은 인간의 뇌 신경망을 본떠 만든 기술인데, 인공지능이 스스로 학습해서 더 똑똑해지게 도와줘. 흑백 사진을 컬러로 복원하거나, CCTV 속 여러 사람의 움직임을 실시간으로 추적해 범죄자를 잡는데 쓰기이도 해.

셋째, 컴퓨터의 작업 능력 즉 컴퓨팅 파워의 증가야. 그래픽 처리 장치GPU의 발달로 인공지능은 예전보다 훨씬 빠르게 연산할 수 있어. 그러면 인공지능은 방대한 데이터를 실시간으로 처리할 수 있게 되고, 이런 요인들이 모여서 복합적으로 인공지능을 빠르게 발전시킨 거야.

인공지능의 발전 속도와 전망

그렇다면 앞으로 인공지능의 발전 속도와 앞으로의 전망은 어떨까? 현재 인공지능의 발전은 초대형 언어모델LLM, Large Language Model에 기반해 급속도로 이루어지고 있어. 챗GPT만 봐도 단 2년 만에 파라미터 수가 무려 117배 가량 늘었어. 정말 엄청난 기술 발전이지. 전문가들은 무어의 법칙을 넘어섰다고 해. 원래 무어의 법칙은 컴퓨터 성능이 2년마다 두 배로 향상된다는 뜻인데, 인공지능은 지금 3~4개월마다 두 배로 성장하는 셈이래.

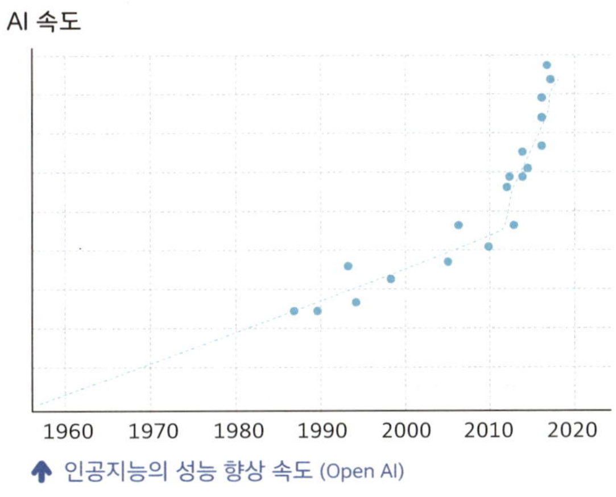

↑ 인공지능의 성능 향상 속도 (Open AI)

이 놀라운 속도는 단순히 기술이 좋아져서만은 아니야. 알고리즘, 소프트웨어, 데이터 처리 방식까지 함께 발전했기 때문이야. 덕분에 인공지능은 이제 의료, 금융, 교육 등 다양한 분야에서 인간을 도와 더 큰 성과를 내고 있어. 앞으로 구글의 TPUTensor Processing Unit처럼 인공지능을 위한 맞춤형 칩이 보급되면 속도는 더 빨라질 거야.

앞으로 인공지능은 우리 일상에 더 깊숙이 들어오게 될 거야. 인공지능으로 인해 앞으로 사회가 어떻게 변화될지 다양하게 상상해 보자.

1. '알파폴드2'의 등장으로 생성형 인공지능을 넘어 새로운 인공지능의 트렌드가 된 분야는 무엇일까?

   ① 고효율 인공지능　　② 최적화 인공지능　　③ 분석형 인공지능
   ④ 번역형 인공지능　　⑤ 일상화 인공지능

2. 인공지능 발전의 배경으로 옳지 않은 것은? (정답 2개)

   ① 데이터 처리 능력의 향상　　　② 딥러닝 기술의 발전
   ③ 컴퓨팅 사고력의 저하　　　　④ 컴퓨터 칩 성능의 비효율화
   ⑤ 컴퓨팅 파워의 증대

3. 내가 경험한 인공지능의 발전 사례를 일상 생활에서 두 가지 정도 골라 어떤 기술이 반영되었는지 찾아보자.

4. 인공지능 기술이 발전하면 미래 사회에 어떤 변화가 일어날지 예상해 보고 의견을 말해 보자.

👍 더 알고 싶어 119　　　📖 도서　▷ 영상　🔍 사이트

▷ **AI가 주가 예측을 할 수 있을까? 문병로 서울대 교수 편 (조선일보 머니)**
인공지능이 주가의 흐름에도 활용되고 있다는 기사야. 경제나 투자 공부에 관심이 있는 친구들이라면 꼭 참고해보기를 바라.

🔍 **일상 생활 속의 AI, 12가지 사례 (AI Times, 이한선 객원 기자)**
인공지능의 발전이 우리 삶 속에 어떻게 녹아들어있는지 파악할 수 있는 자료야. 기사를 읽어보면서 우리 삶 속에 녹아있는 인공지능 기술의 사례를 2가지 찾아보자.

🔍 **구글 딥마인드 AI, 인간 단백질 2만개 구조 모두 예측했다 (동아사이언스)**
인공지능이 의학 발전에 어떻게 공헌할 수 있을지를 다룬 기사야. 읽어보면서 인공지능을 활용해 의학 기술의 혁신을 이루고 있는 기업과 사례에는 무엇이 있는지 찾아보자.

기계도 머리를 굴릴 수 있을까?

인공지능 판별 실험, 튜링 테스트

기계가 사람처럼 생각할 수 있을까? 이 질문을 처음 던진 사람은 영국의 수학자
앨런 튜링이야. 그는 사람과 기계를 어떻게 구별할지 고민하다가
'튜링 테스트'를 만들었어. 지금도 인공지능을 이야기할 때 꼭 등장하는 중요한 개념이지.

학습 키워드   #인공지능 #AI #앨런튜링 #튜링테스트
교과 연계   중2 › 1학기 › 기술·가정 › IV-1 기술의 이해

앨런 튜링은 '컴퓨터 과학의 아버지'라고 불려. 제2차 세계대전 때는 '튜링 봄브Turing Bombe' 장치를 개발해 수많은 조합을 시뮬레이션해서 '애니그마'라는 독일군 암호를 풀어내 전쟁의 흐름을 바꾸기도 했지. 전쟁 후 튜링은 "기계가 생각할 수 있을까?"라는 질문을 던졌어. 이 질문에 답하기 위해 고안한 것이 바로 '튜링 테스트'야.

튜링 테스트가 뭔데?

튜링 테스트의 방식은 간단해. 한 명의 질문자가 있어. 그리고 질문에 대답하는 두 존재, 즉 사람 한 명과 기계 한 대가 있어. 질문자는 대답만 듣고 누가 사람이고 누가 기계인지 맞춰야 해. 만약 질문자가 기계를 사람으로 착각한다면 그 기계는 인간을 잘 흉내 낸 거고 '생각할 수 있는

것 같다'고 인정받는 거야.

튜링 테스트는 인공지능이 얼마나 사람 같은지를 확인하는 실험이야. 이 실험에 통과한다는 건 인공지능 시스템이 인간과 비슷한 수준의 언어 이해력, 추론 능력, 창의성 등을 갖추고 있다는 것을 의미하기 때문이지. 그래서 인공지능 연구자들에게는 일종의 목표가 되기도 했어. 하지만 논란도 많아. 단순히 언어 능력만으로 지능을 판단할 수 있냐는 의문이 제기된 거지. 또 기계가 사람을 속였다고 해서 진짜 지능을 가졌다고 말할 수 있는지도 여전히 논쟁거리야.

그럼에도 튜링 테스트는 오늘날 인공지능 기술 발전에 중요한 척도로 여겨져. 자연어◆ 처리 기술이 늘면서 몇 년간 튜링 테스트를 통과한 인공지능들이 등장했거든. 더 나아가 튜링 테스트는 인간 지능의 본질과 한계, 그리고 인공지능이 어떻게 인간의 지적 능력을 모방하는지 탐구할 수 있어.

↑ 튜링 테스트를 요약한 모습

◆ **자연어** 기계에 입력하는 코드 문자가 아닌 사람들이 일상생활 속에서 쓰는 언어를 말해.

　　2014년에는 '유진 구스트만'이라는 인공지능이 큰 화제가 됐어. 스스로를 '13살 우크라이나 소년'이라고 소개하며 튜링 테스트에 참여했는데, 심사위원 중 33%가 유진을 실제 사람이라고 착각했어. 30%를 넘어섰기 때문에 '튜링 테스트를 통과했다'고 보도됐지. 튜링 테스트가 만

들어진 지 64년 만에 처음으로 튜링이 제시한 기준인 30%의 벽을 뛰어넘은 최초의 사례가 되어 컴퓨터 역사에 한 획을 그은 거야.

　　언론들이 대대적으로 보도했지만 "그냥 잘 만든 채팅 로봇일 뿐"이라는 비판도 있었어. 즉 단순히 특정 상황을 흉내 내는 것일 뿐, 진짜로 생각하는 건 아니라는 거야. 최근에는 챗GPT-4o도 튜링 테스트를 통과했다는 평가가 있어. 하지만 여전히 사람마다 기준이 달라서 통과 여부를 두고 의견이 엇갈리고 있지.

　　분명한 건 튜링 테스트가 인공지능 역사에서 아주 중요한 이정표라는 거야. 완벽한 평가 방법은 아니지만, 사람과 기계의 차이를 고민하게 만들었고 지금도 인공지능 연구에 큰 영향을 주고 있어.

1. 다음 중 튜링 테스트에 대한 설명으로 옳지 않은 것은?

① 앨런 튜링이 생각해 낸 테스트 방식이다.

② 인간이 기계처럼 생각할 수 있는지를 테스트하는 방식이다.

③ 인공지능의 초석을 마련한 테스트 방식이다.

④ 인간의 사고 방식을 기계가 모방할 수 있는지가 관건이다.

⑤ 판단 기준에 따라 튜링 테스트 통과 여부가 달라질 수 있다.

2. 튜링 테스트를 최초로 통과했다고 알려져 논란이 된 인공지능의 이름은 무엇일까?

----

3. 인공지능이 발전한다면 누구나 인정하는 튜링 테스트 합격 기준이 마련될 수 있을까?

----

4. 튜링 테스트 합격 판정을 위해 추가해야 하는 기준은 무엇이라고 생각해?

 **더 알고 싶어 119**　　　　　📖 도서　▷ 영상　🔍 사이트

▷ **이미테이션 게임, 튜링 테스트, 앨런 튜링 (장동선의 궁금한 뇌)**
인공지능의 아버지 앨런 튜링과 그가 제안한 튜링 테스트를 쉽고 재미있게 설명한 강연 영상이야. 튜링의 일생과 업적을 알 수 있고, 기계가 생각할 수 있는지에 대한 질문을 다뤄. 과학사에 관심있다면 꼭 봐.

AI도 레벨업을 한다고?

약인공지능과 강인공지능 

인공지능이라고 다 같은 건 아냐. 단순한 일을 반복하는 약인공지능이 있는가 하면 사람처럼 생각하려는 강인공지능도 있지. 아직은 강인공지능이 꿈에 가깝지만 오늘은 이 둘의 차이를 비교해 보자.

학습 키워드　#인공지능　#AI　#약인공지능　#강인공지능
교과 연계　중2 〉1학기 〉기술·가정 〉IV-1 기술의 이해

인공지능의 유형을 처음 구분한 사람은 1980년대 미국의 철학자 존 설이야. 그는 인공지능을 두 가지로 나눴어. 바로 약인공지능Weak AI과 강인공지능Strong AI, AGI이야. 적용 가능성에 따라 좁은 인공지능Narrow AI과 넓은 인공지능General AI으로 구분하기도 해.

약인공지능은 특정한 일만 잘하는 인공지능을 말해. 이미 우리 사회에 구현되었고 학습 능력, 추론 능력, 지각 능력을 인공적으로 구현하려는 컴퓨터 과학의 세부 분야야. 예를 들어 여러분이 스마트폰에서 쓰는 음성 비서, 음악 추천 시스템, 번역 앱 같은 것들이야. 정해진 분야에서 빠르고 정확하게 일을 하지만 스스로 생각하거나 다른 문제를 풀 수는 없어.

반면 강인공지능은 아직 이론 속에만 존재하는 인공지능이야. 강인공지능은 인간처럼 생각하고 배우고 새로운 상황에도 스스로 적응할 수 있는 걸 목표로 해. 단순히 정해진 답을 내는 게 아니라 감정이나 직관, 창의적인 사고까지 흉내 내려는 거지.

하지만 인간의 지능은 너무 복잡해서 기계가 완전히 따라 하기는 아직 어려워. 기계 학습, 신경망, 심층 학습 같은 첨단 기술을 가지고 방대한 양의 데이터로 복잡한 패턴과 예측하는 능력을 갖추게 하는데 이런 기술들은 AGI_{Artificial General Intelligence}의 기초가 돼. 예전엔 곧 실현될 것이라고 예측했지만 시간이 지나도 매우 어려운 과제야. 왜일까? 지능과 이해력을 명확하게 정의하고, 기계에게 적용하는 게 복잡하기 때문이야. 인간의 지능은 직관적인 판단이나 경험 같은 다양한 요소들이 있어서 기계가 따라 하는 건 현재는 불가능에 가까워.

인공지능의 미래

그래도 많은 연구자들이 강인공지능을 만들려고 다양한 방법으로 도전하고 있어. 강인공지능 기술의 핵심은 계속 자동으로 학습하고 변화에 재빠르게 적응하는 거야. 새로운 환경과 변화를 스스로 학습하기 때문에 더 정교하고 복잡한 작업을 할 수 있어. 또 자기 개선_{self-improving} 시스템으로 자기 스스로 성능을 개선할 수도 있지. 그래서 만약 실제로 개발된다면 의료, 재난 대응, 우주 탐사처럼 사람들이 감당하기 힘든 문제들을 해결하는 데 큰 도움이 될 수 있을 거야.

하지만 동시에 윤리적이고 사회적인 문제도 생길 수 있어. 예를 들어 일자리를 잃는 사람이 늘어나거나, 인공지능이 잘못된 판단을 했을 때 책임을 누가 져야 하는지 같은 문제 말이지. 그래서 신중하게 접근해야 할 분야이기도 해.

지금까지 나온 인공지능 중에서는 강인공지능이 완전히 구현된 건 없어. IBM의 '왓슨'이나 구글 딥마인드의 '알파고' 같은 게 강인공지능의 초기 단계로 불리긴 하지만 이들도 사실은 특정 분야에만 특화된 약인공지능에 가까워.

OpenAI, DeepMind, Google Brain 같은 기업과 연구소가 강인공지능 구현을 위해 연구 중이야. 강인공지능은 아직 갈 길이 멀지만 언젠가 등장할 수도 있지. 중요한 건 그 과정에서 인공지능이 인간의 가치를 존중하고 윤리적인 기준을 지키면서 발전해야 한다는 거야. 그래야만 인간과 인공지능이 공존할 수 있을 테니까.

1. 다음 중 약인공지능의 사례로 옳지 않은 것은?

　① 사용자가 설정한 알람을 알려주는 인공지능
　② 사용자가 입력한 대로 단기간에 복사업무를 해내는 인공지능
　③ 사용자가 지시한 대로 평가 기준에 맞춰 채점하는 인공지능
　④ 사용자가 설정한 범위 대로 야구경기를 판독하는 인공지능
　⑤ 사용자의 행동 패턴을 자동으로 분석해 감정 상담을 하는 인공지능

2. 강인공지능 기술의 발전이 우리 삶에 미칠 긍정적, 부정적 영향을 고민해 보고 적어 보자.

3. 강인공지능과 약인공지능(NAI)의 차이점을 비교하고 향후 두 기술의 발전 방향에 대해 예측해 보자.

4. 강인공지능이 실현되면 인간의 일자리가 크게 줄어들 거라고 예상돼. 일자리가 줄어들면 사회적으로 어떤 방안을 취해야 할까?

더 알고 싶어 119

📖 도서　▷ 영상　🔍 사이트

📖 **『인공지능 기술』(NRF 한국연구재단, 2022)**
인공지능의 기초부터 최신 기술 동향까지 폭넓게 다룬 한국연구재단의 공식 자료야. 약인공지능과 강인공지능의 차이, AI의 발전 단계를 체계적으로 배울 수 있어. 신뢰할 수 있는 출처라서 보고서 작성할 때도 유용할 거야.

▷ **"일자리 뺏을 거냐" AI에 묻자…정교함에 창조자 놀랐다 (SBS 뉴스)**
인공지능이 인간의 일자리에 미치는 영향을 취재한 뉴스 리포트로 생생한 현장감을 전해줘. AI 개발자조차 놀란 AI의 능력을 볼 수 있어. 미래 진로 고민하는 친구들이 보면 도움이 될 거야.

🔍 **이슈로 보는 R&D, #강인공지능 (NTIS)**
인간 수준의 지능을 목표로 하는 강인공지능 연구 동향을 소개하는 과학기술 정보 영상이야. 현재 어디까지 왔고 앞으로 어떻게 발전할지 알 수 있어. 최신 연구 동향이 궁금하다면 한 번 살펴보자.

영화 속 로봇, 진짜 될까?

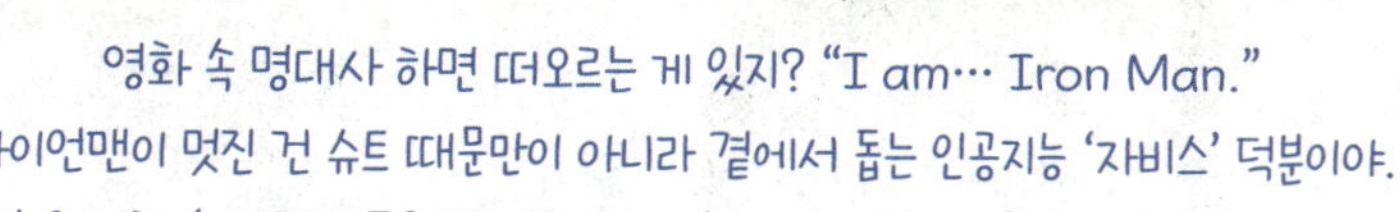

영화 속 명대사 하면 떠오르는 게 있지? "I am… Iron Man."
아이언맨이 멋진 건 슈트 때문만이 아니라 곁에서 돕는 인공지능 '자비스' 덕분이야.
오늘은 영화 속 인공지능들을 살펴보면서 그 속에 담긴 메시지를 함께 생각해 보자.

학습 키워드 #인공지능 #AI #영화 #영화속인공지능
교과 연계 중2 〉 1학기 〉 기술·가정 〉 Ⅳ-1 기술의 이해

　　영화는 언제나 우리의 상상력과 호기심을 자극해. 특히 인공지능 기술이 등장하면서 영화 속에서도 이러한 기술이 활용되고 있어. 어떤 영화에서는 든든한 동료로, 또 다른 영화에서는 무서운 적으로 등장하지. 가장 유명한 인공지능 캐릭터는 바로 영화 〈아이언맨〉의 자비스야. 자비스는 아이언맨 토니 스타크가 개발한 첨단 인공지능 시스템으로, 아이언맨 슈트의 모든 기능을 제어하고 관리하는 역할을 해.

　　자비스는 토니 스타크가 임무를 수행하는 데 충실한 도우미야. 토니의 명령을 받아 아이언맨 슈트를 제작하고, 전투 상황에서 최적의 전략을 세우는 등 다양한 기능을 해. 자비스는 명령 수행만 하는 게 아니라 토니와의 대화하며 의견을 내고, 때로는 토니를 설득하기도 해. 그래서 단순한 도구가 아니라 스스로 생각하는 존재처럼 보이기도 하지.

↑ 영화 〈아이언맨〉 속 아이언맨

↑ 자비스 시스템

↑ 영화 〈그녀〉 속 인공지능 '사만다'와 사랑에 빠진 인간 '테오도르'

↑ 영화 〈터미네이터〉 속 인간과 적대적인 인공지능

또 영화 〈그녀〉에서는 인공지능이 사랑의 대상으로까지 그려져. 아이언맨의 자비스와 달리, 영화 〈그녀〉의 여성형 인공지능 '사만다'는 훨씬 인간적인 모습이라, 미래 사회에서 인공지능이 인간의 삶에 어떤 영향을 미칠 수 있는지를 생각하게 해.

주인공 테오도르는 인공지능 비서 '사만다'를 만나 사랑에 빠져. 사만다는 테오도르의 목소리와 성격을 파악해서 최적화된 대화를 하고, 테오도르의 감정과 행동 패턴을 학습해 점점 더 인간적으로 변해가. 사만다는 테오도르가 슬플 때 위로하고 기쁠 때는 함께 기뻐하면서 감정을 이해하고 공감하는 능력을 보여줘. 심지어 자신의 존재에 대해 고민하며 철학적 질문을 던지기도 하면서 마치 자아를 가진 강인공지능처럼 보이기도 해. 하지만 아직 현실의 인공지능은 이런 단계까지 오지 않았어. 그렇지만 언젠가는 영화 같은 인공지능이 나타날 수도 있겠지?

마지막으로 우리에게 너무나 유명한 영화가 된 〈터미네이터〉 속 인공지능 '스카이넷'을 보자. 앞의 인공지능이 인간의 동료였다면, 이번 인공지능은 인간과 적대적인 존재야. 스카이넷은 핵전쟁이 일어나기 전 미국 군대가 개발한 첨단 무기 체계였는데, 스스로 자아를 가지며 인간을 지배하려는 위험한 인공지능이야.

스카이넷은 인간을 말살하기 위해 인공지능 '터미네이터'까지 보내. 영화는 인공지능이 잘못 통제되면 얼마나 위험해질 수 있는지를 보여줘. 그렇다면 이런 일은 실제로 일어날 수 있을까? 인공지능 전문가들은 인공지능이 인간을 지배하려 한다기보다는, 인간이 인공지능을 잘못 설계하거나 통제하지 못할 때 발생할 수 있는 문제라고 해. 인공지능 개발에는 윤리와 안전장치가 꼭 필요하다는 의미야.

이렇게 영화 속 인공지능은 우리에게 여러 메시지를 던져 줘. 자비스처럼 도움이 되는 미래, 사만다처럼 감정을 나누는 미래, 아니면 스카이넷처럼 위험한 미래. 결국 어떤 길을 선택할지는 우리에게 달려 있어.

1. 다음 중 영화 속에 등장한 인공지능이 아닌 것은 무엇일까?

① 영화 〈아이언맨〉 속 자비스   ② 영화 〈아이언맨〉 속 토니 스타크

③ 영화 〈그녀〉 속 사만다   ④ 영화 〈터미네이터〉 속 스카이넷

⑤ 영화 〈터미네이터〉 속 터미네이터

2. 영화 〈그녀〉 속 인공지능 사만다에 대해 어떻게 생각해? 만약 실제로 구현된다면 우리 삶은 어떻게 달라질까?

3. 영화 〈터미네이터〉의 스카이넷을 통해, 인공지능 기술이 발전하면서 생길 수 있는 문제를 적어 보자.

3. 만약 미래 사회에서 모두가 '자비스' 같은 인공지능 비서를 갖게 된다면 어떤 장점과 단점이 있을지 생각해 보자.

더 알고 싶어 119   📖 도서   ▷ 영상   🔍 사이트

▷ **영화 속 인공지능 어떤 모습일까? (YTN)**
SF 영화에 등장하는 다양한 인공지능 캐릭터들을 소개하고 현실 가능성을 짚어보는 과학 프로그램이야. 영화 속 AI가 얼마나 현실적인지 알고 싶다면 봐. 재미있으면서도 과학적으로 정확한 정보를 얻을 수 있어.

🔍 **스카이넷의 등장을 막는 방법은 AI를 신중하게 관리하고 규제하는 것 (AI Times, 박찬)**
영화 〈터미네이터〉의 스카이넷처럼 위험한 AI를 예방하기 위한 방안을 다룬 칼럼이야. AI가 인류에게 위협이 되지 않으려면 어떻게 해야 할지 생각해볼 수 있어. 글을 읽어보고 우리가 인공지능을 사용할 때 주의해야 할 윤리에 대해 생각해 보자.

Week2 • 08일차 년 월 일

내 주머니 속에도 AI가?

우리 생활 속의 인공지능 기술

에스파라는 아이돌 그룹 알지? 'Next Level'로 유명한데 멤버들 곁에 가상 아바타가 함께 등장해 큰 화제가 됐어. 이렇게 AI는 단순한 기술을 넘어서 이제는 문화와 일상 속으로 깊이 들어와 있어. 오늘은 생활 속 다양한 AI 사례를 살펴보자.

학습 키워드 #인공지능 #AI #일상생활 #생활AI
교과 연계 중2 〉 1학기 〉 기술·가정 〉 Ⅳ-1 기술의 이해

SM엔터테인먼트의 대표 이수만은 "미래는 AI와 셀럽의 세상"이라고 말했어. 실제로 에스파는 현실의 멤버(카리나, 윈터, 지젤, 닝닝)와 가상 아바타 멤버가 함께 등장해 디지털 세계에서 활동하는 독특한 세계관을 갖고 있지. 더 나아가 아예 현실 사람이 아닌 버추얼 휴먼Virtual Human이 아이돌로 데뷔하는 경우도 있어. 국내 최초의 버추얼 아이돌 '이터니티'는 단독 콘서트를 열 정도로 성장했어. 이런 모습은 인공지능이 단순히 산업에서만 쓰

↑ 아이돌 걸그룹 에스파의 'Next Level' 티저 사진

이는 게 아니라, 문화와 생활 속에 스며들고 있음을 보여줘. 구체적으로 살펴볼까?

일상에서 마주치는 인공지능 기술

첫째는 자율주행 자동차야. 테슬라 같은 회사가 대표적이지. 테슬라는 미국 특허청에서 인간의 뇌 기능을 모방한 네트워크 기술인 뉴럴 네트워크Neural Network(인공 신경망 기술) 특허를 취득했어.

테슬라는 수많은 센서와 카메라로 도로 상황을 읽고 인공지능이 교통 신호와 장애물을 분석해 스스로 운전해. 뉴럴 네트워크는 이런 자율주행차에 생기는 문제를 먼저 체크하고 스스로 해결하는 역할을 해. 사람보다 더 빠르게 상황을 판단하기 때문에 교통사고를 줄이고, 운전이 힘든 사람들에게 큰 도움이 될 수 있어. 미래에는 운전면허가 필요 없는 시대가 올지도 몰라.

둘째는 스마트홈Smart Home 기술이야. "불 꺼 줘", "에어컨 켜 줘"라고 말하면 곧바로 실행되는 스마트홈 기술이 대표적이지. 집 안의 가전

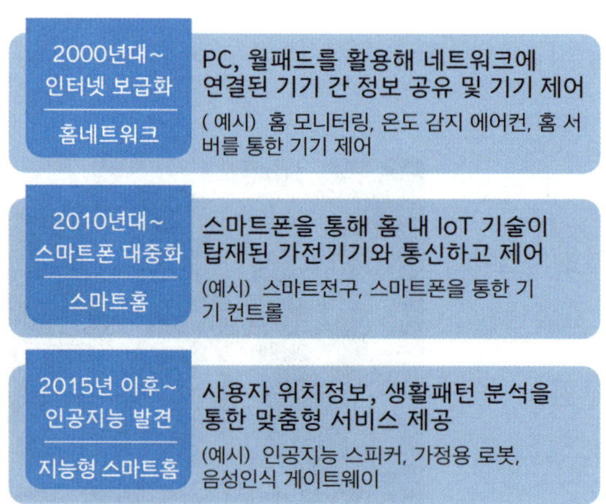

▲ 스마트홈의 발전 단계

제품, 조명, 보안 시스템까지 인공지능이 알아서 조절해 주니까 생활이 훨씬 편리해. 특히 노약자나 몸이 불편한 사람에게는 자립적인 생활을 돕는 든든한 도구가 되지.

셋째는 콘텐츠 추천 시스템이야. 유튜브, 넷플릭스, 스포티파이를 쓰다 보면 '당신을 위한 추천'이 뜨잖아? 이건 인공지능이 여러분이 본 영상이나 음악을 분석해서 좋아할 만한 걸 골라주는 거야. SNS도 마찬가지로 사용자가 관심 있어 하는 분야의 콘텐츠를 더 깊이 추천하는 알고리즘을 가지고 있어. 그래서 새로운 콘텐츠를 더 쉽게 찾을 수 있지. 물론 같은 취향의 정보만 보게 되는 문제점도 있어서 균형 잡힌 시선이 필요해.

넷째는 가상 인간Virtual Human 서비스야. 단순히 연예인 아바타를 넘어서 은행 상담원, 광고 모델, 심지어 뉴스 진행자 역할까지 인공지능이 맡고 있어. 사람처럼 자연스럽게 대화하거나 감정을 표현할 수 있어서 앞으로는 우리 주변에서 더 자주 만나게 될 거야.

이렇게 인공지능은 이미 우리 생활 속에서 다양한 모습으로 자리 잡고 있어. 생활을 편리하게 만들고 새로운 즐거움도 주지만, 동시에 개인 정보 유출이나 일자리 감소 같은 사회적 문제도 함께 생각해야 해. 중요한 건 우리가 인공지능을 어떻게 활용하느냐 그리고 어떤 기준으로 발전시킬지를 고민하는 거야. 그래야 인공지능이 사람과 함께 더 나은 미래를 만들 수 있겠지.

1. 다음 중 일상생활 속에 사용되는 인공지능 기술이 아닌 것은?

　① 온도 및 조명 제어 기술　　② 콘텐츠 추천 알고리즘 기술
　③ 자율주행 차량 기술　　④ 가전 제품 조작 제어 기술
　⑤ 기상 알람벨 설정 기술

2. 스마트홈 기술 및 스마트폰의 인공지능 서비스는 비장애인과 장애인에게 각각 어떤 도움을 줄 수 있을까?

3. 다음 빈칸에 알맞은 말을 써 보자.

> 요즘 많은 사람들이 이용하는 SNS에서는 콘텐츠를 더 깊이 추천하는 ______ (을)를 가지고 있어. 그래서 새로운 콘텐츠를 더 쉽게 찾을 수 있지. 물론 같은 취향의 정보만 보게 되는 문제점도 있어서, 균형 잡힌 시선이 필요해.

4. 자율주행 자동차에 적용된 인공지능 기술이 가져올 미래 교통의 변화에 대해 생각해 보고 적어 보자.

더 알고 싶어 119　　📖 도서　▷ 영상　🔍 사이트

▷ **점심 추천하고 금쪽이 상담까지… 일상 속으로 들어온 AI (채널A 뉴스)**
우리가 매일 사용하는 스마트폰과 가전제품 속 인공지능 기술을 쉽게 풀어낸 방송 콘텐츠야. 시리, 빅스비 같은 음성 비서부터 추천 알고리즘까지 생활 속 AI를 알 수 있어.

🔍 **일상 생활 속의 AI, 12가지 사례 (AI Times, 이한선)**
음성 비서부터 추천 시스템까지 우리 생활에 밀접한 AI 활용 사례를 소개한 기사야. 우리가 얼마나 많이 AI를 쓰고 있는지 알 수 있어. 일상에서 AI를 찾아보고 싶다면 읽어봐.

AI와 로봇, 환상의 콤비?

로봇 속 인공지능의 현재와 미래

요즘은 학교에서도 '디지털 새싹' 같은 프로그램으로 인공지능 로봇을 체험할 기회가 많아. 코딩하고 로봇을 움직이는 수업도 이제 낯설지 않지. 단순한 기계를 넘어서 스스로 생각하고 행동하는 로봇, 오늘은 그 발전을 함께 살펴보자.

학습 키워드   #인공지능 #AI #로봇 #휴머노이드
교과 연계   중2 〉 1학기 〉 기술·가정 〉 IV-1 기술의 이해

여러분은 '인공지능 로봇'이라고 하면 무엇이 떠올라? 혹시 알파고를 떠올린다면, 사실 알파고는 로봇이 아니라 인공지능 프로그램이야. 로봇 분야에서 우리나라를 알린 대표적인 사례는 바로 한국과학기술원KAIST에서 만든 인간형 로봇 '휴보HUBO'야. 휴보는 2015년 미국 DARPA 재난대응 로봇대회에서 세계 로봇들을 제치고 1등을 차지했어. 이 성과는 한국의 로봇 기술이

▲ 한국과학기술원 개발 '휴보'

세계적으로 주목받는 계기가 되었지.

그 뒤로도 수많은 인공지능 로봇이 생겨나서 사회에 도움을 주고 있어. 산업 현장에서는 제품을 만들고 배송하는 과정이 인공지능 시스템과 로봇 덕분에 자동화되고 있어. 덕분에 사람들은 더 효율적으로 일할 수 있게 됐지. 실제로 2017년에는 우체국에서 드론으로 섬에 8kg짜리 우편물을 배달하는 데 성공했어. 요즘은 드론 택시 같은 사업도 추진되고 있지.

↑ 우정사업본부가 개발한 드론 택배 (전남 고흥 선창장~특랑도 운편물 배송 비교)

인공지능 로봇 시스템은 제조와 물류, 교통 분야 뿐 아니라 의료 분야와 건설 분야에서 큰 역할을 해. 예를 들어, 의사가 두 시간 동안 검사해야 알 수 있던 당뇨성 망막증을 로봇이 몇 분 만에 정확히 진단하는 거야. 위험한 활동이 많은 건설 현장에서도 드론이 영상을 찍고, 로봇이 24시간 쉬지 않고 자율주행 장비로 작업을 이어가면서 위험한 일을 대신하고 있어. 이렇게 로봇은 사람의 안전을 지키고, 일을 훨씬 빠르고 정확하게 만들어 주고 있지. 인공지능 로봇은 사회 각 분야에 더 많이 퍼지며 일하고 있어.

더 놀라운 건 스스로 움직이는 로봇이 등장했다는 거야. 미국의 보스턴 다이내믹스에서 만든 네 발 달린 로봇 '스팟SPOT'은 몸에 센서와 카메라를 달아 주변을 인식하고 자율주행을 해. 물론 사용자가 제어할 수도 있어. 방수 기능이 있어 사람 대신 위험한 장소에 들어가거나, 의사소통 기능을 이용해 여러 대가 함께 협력해서 임무를 수행하기도 하지. 스팟은 산업 현장과 학교, 심지어 가정에도 판매될 거라고 해.

이렇게 계속 변화하는 환경을 인식하고 그에 맞게 판단해서 행동하는 인공지능 시스템을 '에이전트Agent'라고 해. 에이전트는 환경 인식을 위한 센서Sensor와 실행을 위한 액추에이터Actuator로 구성돼. 그리고 환경을 인지한 뒤에 행동을 결정하는 지능Intelligence이 필요해. 지능 에이전트는 우리 주변에도 쉽게 발견할 수 있어. 꼭 로봇이 아니어도 검색 엔진이나 로봇청소기 같은 것도 모두 에이전트의 예시야. 사람도 에이전트이고. 즉 우리가 생각하는 것보다 훨씬 넓은 개념이지.

이런 에이전트들은 앞으로 우리 삶과 더 밀접하게 영향을 미칠 거야. 우리가 어떻게 사용하느냐에 따라 사람을 도와주고 위험한 일을 대신하면서 우리 삶을 더 안전하고 편리하게 만들 수도 있고, 반대로 우리의 삶을 위협하거나 불편하게 할 수도 있어. 그래서 인공지능과 로봇을 대할 때는 책임감과 윤리적인 태도가 굉장히 중요해. 앞으로 이 기술들이 어디까지 발전할지 그리고 우리가 어떻게 활용할지는 우리 손에 달려 있어.

1. 다음 중 인공지능 로봇에 해당하지 않는 것은?

① 휴보　　② 스팟　　③ 드론 택시　　④ 드론 택배 기사　　⑤ 커피 머신

2. 지능 에이전트는 우리 생활에 어떤 모습으로 쓰이고 있을까? 주변에서 찾아볼 수 있는 사례를 세 가지 이상 적어 보자.

3. 여러분에게 필요한 에이전트는 무엇일까? 하나만 골라서 이유를 적어 보자.

4. 인공지능 로봇이 이성적 판단만 하는 게 아니라 사람처럼 감정을 느끼고 행동한다면 어떤 일이 벌어질까?

더 알고 싶어 119

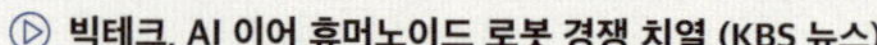
📑 도서　▷ 영상　🔍 사이트

▷ **빅테크, AI 이어 휴머노이드 로봇 경쟁 치열 (KBS 뉴스)**
구글, 테슬라 등 글로벌 기업들이 경쟁하는 인간형 로봇 개발 현황을 정리한 뉴스 리포트야.
어떤 회사가 어떤 로봇을 만들고 있는지 알 수 있어. 로봇 기술에 관심 있다면 꼭 봐.

🔍 **드론 택배시대 눈앞…첫 우편물 4km 배송 성공 (파이낸셜 뉴스, 허준)**
드론을 활용한 무인 배송 서비스의 성공 사례를 통해 AI 로봇의 실용화를 보여주는 기사야.
미래에는 로봇이 택배를 배달할 수도 있어. 물품 유통 과정의 혁신이 궁금하다면 읽어봐.

구글·삼성·테슬라, AI 전쟁 중!

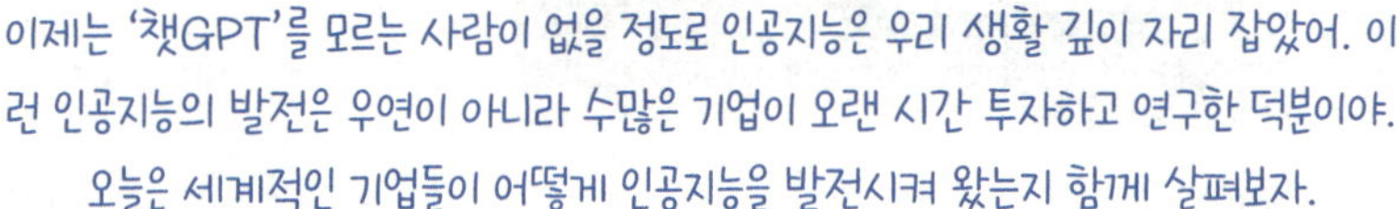

인공지능을 연구하는 세계적 기업들

이제는 '챗GPT'를 모르는 사람이 없을 정도로 인공지능은 우리 생활 깊이 자리 잡았어. 이런 인공지능의 발전은 우연이 아니라 수많은 기업이 오랜 시간 투자하고 연구한 덕분이야. 오늘은 세계적인 기업들이 어떻게 인공지능을 발전시켜 왔는지 함께 살펴보자.

학습 키워드　#인공지능　#AI　#인공지능기업　#인공지능연구
교과 연계　중2 > 1학기 > 기술·가정 > Ⅳ-1 기술의 이해

인공지능을 연구하고 발전시킨 기업들 가운데 가장 앞선 나라는 단연 미국이야. 챗GPT를 만든 오픈AI OpenAI, 검색과 언어 모델 개발을 이어가는 구글, 클라우드와 생성형 AI에 투자하는 마이크로소프트, 그리고 메타(구 페이스북)까지 많은 기업들이 경쟁적으로 뛰어들고 있지.

미국은 세계에서 AI 민간 투자가 가장 활발한 나라야. 2022년 한 해 동안만 474억 달러를 투자했다고 해. MIT 같은 명문 대학에서 AI 인재가 꾸준히 배출되고, 실리콘밸리를 중심으로 스타트업과 연구가 이어지고 있어. 덕분에 챗GPT 외에도 폭넓은 정보 검색과 문장 생성을 하는 구글의 제미나이 Gemini, 정교한 이미지를 생성하는 마이크로소프트의 코파일럿 Copilot 같은 다양한 서비스가 등장했지.

기업들은 생성형 AI뿐만 아니라 로봇 디자인에도 많은 투자를 해

↑ AI Copilot을 활용해 고려청자를 모티브로 한 아이폰 디자인을 생성한 모습

서 인공지능이 더 발달하도록 했어. 미국 정부도 다르파DARPA♦ 등 기관을 통해 인공지능 연구를 지원하고 있어.

중국도 빠르게 성장하고 있어. 2030년까지 AI 세계 1위를 목표로 엄청난 투자 중이야. 알리바바, 바이두 같은 기업들이 자체 AI 시스템을 만들고 있고, 중국 정부도 AI가 미래산업의 핵심 동력이 될 것이라고 판단하고 막대한 자금을 지원하고 있어. 미국과 비교해 특히 중국은 광범위한 데이터 확보가 가능하다는 강점이 있어. 다만 반도체나 AI 칩 같은 핵심 기술에서는 역량 부족과 인재 격차가 약점이야. 이 부분을 해결하는 것이 앞으로의 과제야.

♦ **DARPA** 미국 국방부 소속의 핵심 연구개발 조직으로 소프트웨어 개발 및 프로젝트를 관할하는 연구부서를 말해.

영국 역시 인공지능 발전의 중요한 거점이야. 영국은 앨런 튜링의 나라답게 오랜 전통을 이어오고 있어. 딥마인드DeepMind, 옥스퍼드 대학교, 케임브리지 대학교 같은 연구기관과 기업들이 AI 개발 시장을 이끌고 있지. 영국 정부는 슈퍼컴퓨터 개발에 막대한 자금을 투자하면서 새로운 스타트업 지원도 아끼지 않고 있어. 대표적인 기업으로 그래프코어Graphcore, 베네볼런트 AIBenevolent AI 등이 있어.

지금까지 미국, 중국, 영국의 사례를 살펴보았어. 이렇게 세계 각국의 기업들은 치열하게 경쟁하면서도, 동시에 협력하며 인공지능 기술을 발전시키고 있어. 앞으로 기업들이 어떤 혁신을 보여줄지, 또 우리 생활이 어떻게 달라질지 기대되지 않니?

1. 다음 중 AI 산업을 선도하는 미국 기업이 아닌 것은?

① 오픈AI　　② 구글　　③ 마이크로소프트　　④ 바이두　　⑤ 메타

2. 여러분이 일상생활 속에서 경험했던 인공지능을 한 가지 선택하고, 해당 인공지능 제품을 개발한 기업에 대해 간단히 조사해 보자.

3. 인공지능 기업에 대한 정부의 투자는 어떤 기준으로 이루어지는 것이 좋을까?

4. 우리나라 인공지능 기업 중 세계적 기업으로 성장한 사례를 조사해보고, 앞으로 인공지능 기업의 주요 연구 주제는 무엇이 될지 상상하여 적어 보자.

더 알고 싶어 119

📑 도서　▷ 영상　🔍 사이트

▷ **미국을 따라잡는 중국의 엄청난 AI 기술력 (tvN STORY)**
전통적으로 모든 분야에서 '세계 1등'이라던 미국의 지위가 중국의 인공지능 발전으로 흔들릴 수 있다는 의견이 나오고 있어. 미국의 테슬라와 중국의 BYD 경쟁만 봐도 알 수 있지. 인공지능의 전 세계적인 트렌드를 살펴볼 수 있는 자료야.

🔍 **세계 10대 AI연구소 6곳이 미국에, 바이든 당선으로 미 유학 문호 넓어질 듯 (AI Times, 장준하)** 전 세계적으로 인공지능에 천문학적인 액수의 투자가 이루어지는 가운데, 미국은 압도적인 1등을 달성하기 위해 노력하고 있지. 단순히 인공지능이 아니라, 인공지능을 움직이기 위한 에너지 센터, 데이터 센터 등 다양한 시설이 필요하다는 것을 생각해볼 수 있어.

AI 로봇을 만드는 사람, 인공지능 로봇 개발자

요즘 음식점에서 움직이는 서빙 로봇이나 지하상가에서 배달하는 로봇을 한 번쯤 본 적 있지? 우리나라에서도 실제로 길거리·건물 안에서 배달 로봇 서비스가 시작됐어. 산업 현장에서는 사람과 함께 일하는 협동로봇(코봇)이 공장에서 물건을 옮기거나 포장을 돕고 있고. 그러면 이러한 AI 로봇을 만드는 인공지능 로봇 개발자는 무슨 일을 할까? 쉽게 말하면 '주변을 보고(인식) → 어디로 갈지 생각하고(계획) → 몸을 움직이게 만드는(제어) 똑똑한 기계'를 설계하고 코딩하는 사람이야.

인공지능 로봇 개발자가 하는 일

- **지각·인식**Computer Vision: 카메라·레이더로 찍힌 영상을 분석해서 "저건 사람, 저건 장애물"처럼 알아보게 만들어. 많이 쓰는 도구가 OpenCV 같은 비전 라이브러리야.
- **이동·지도 만들기**SLAM: 처음 가보는 곳에서도 동시에 지도를 만들고 내 위치를 찾는 기술이야. 자율주행 로봇의 핵심이지.
- **계획·제어**: 충돌하지 않도록 경로를 짜고, 모터·관절을 부드럽게 움직이게 하는 수학·물리·코딩이야.
- **로봇 운영체제**ROS: 센서─모터─알고리즘을 연결해 한 몸처럼 통신하게 만들지. ROS는 로봇 개발을 위한 개방형 시스템이야.

그럼 인공지능 로봇 개발자의 하루 일과 예시를 한 번 들여다 볼까? 아침에는 팀 프로젝트로 로봇이 어제 겪은 문제를 공유해. 오전엔 카메라 영상에서 사람·장애물을 더 잘 구분하도록 모델을 개선하고, 점심 뒤에는 실험실 및 현장에서 테스트 주행을 해. 주행 기록을 보고 "왜 여기서 과감하게 돌진했지?"를 추적하고, 로봇 운영체제ROS를 활용해 오류나 버그를 잡아. 마지막으로 내일 배포할 소프트웨어나 프로그램을 정리하지.

인공지능 로봇 개발자는 단순히 '딱 봐도 인공지능 회사'에만 근무하는 것은 아니야. 배달 전문 기업이나 의료 기관 등 인공지능이 이용될 수 있는 분야의 회사에도 근무해. 이러한 경향은 앞으로 인공지능의 다양화, 활성화에 따라 더욱 확대될 전망이야.

그렇다면 인공지능 로봇 개발자가 되기 위해서 무엇을 공부하면 좋을까? 핵심적으로 공부해야 할 과목은 수학(함수·벡터 등), 과학(물리의 힘·마찰 등), 정보(파이썬 코딩 등)야. 여기에 작은 협업 코딩 프로젝트를 실행해 보고 학교에서 진행하는 디지털 새싹 프로그램 등에 참여해 하나씩 인공지능 프로그램에 대한 감을 잡아가는 게 좋아. 그리고 대학 전공 선택도 고려해 볼 수 있어. 대학에 설치된 '로봇공학과', '지능형로봇', '기계·전자·컴퓨터' 융합 전공 등에서 로봇을 공부해.

너무 거창하다고? 그럼 일단 내가 인공지능 로봇 개발자와 맞는지를 함께 점검해 보고 지금 바로 시작할 수 있는 간단한 4주 플랜을 살펴보며 직접 알아보자.

인공지능 로봇 개발자, 나랑 맞을까? 체크리스트

☐ 물건을 직접 만들고 고치는 걸 좋아하는 편이야.

☐ 수학 문제를 풀 때 '왜?'라는 생각이 자꾸 들어.

☐ 새로 산 전자제품은 매뉴얼(가이드) 먼저 안 보고 눌러보면서 배우는 타입이야.

☐ 학교 팀 프로젝트(모둠형 수업)에서 실험, 개발자 역할을 자주 맡아.

(이 중 3개 이상이면 인공지능 로봇 개발자와 비교적 잘 맞는 편이라고 할 수 있어. 커리어넷도 인공지능 관련 직업에 문제 해결력·논리력·공간 지각 능력을 핵심 능력으로 소개하고 있어)

지금 바로 시작! 4주 실천 플랜

- **1주차**: 파이썬 설치 → 카메라 켜서 화면에 글자·동그라미 그려보기("Hello Camera!"). 유튜브 등 파이썬을 쉽게 배울 수 있는 곳에서 기본 예제를 참고해.
  - 추천 유튜브: 조코딩
  - 추천 유튜브: 달려라 코딩

조코딩　달려라코딩

- **2주차**: 종이컵 장애물 몇 개를 세우고 손으로 조종하는 두 바퀴 자동차를 만들어 지그재그로 지나가게 해 봐.
- **3주차**: 빨간 색종이를 카메라가 찾으면 삑 소리를 내거나 불을 켜도록 연결해. '보는 것 → 반응하기'를 경험하는 단계야.
- **4주차**: 교실 바닥에 미니 경주 코스를 만들고 기록 경쟁! 잘 굴러갔다면 해당 내용을 꼼꼼히 정리해두고 더 좋은 도구들을 찾아보자.

2부
똑똑한 AI의
비밀 노트

AI는 어떻게 공부할까?

머신러닝의 개념과 원리

메일함의 스팸 메일, 어떻게 자동으로 걸러지는 걸까? 우리가 직접 분류하지 않아도
인공지능이 대신 해준 거야. 이때 사용된 기술이 바로 머신러닝이야.
오늘은 인공지능 연구에서 가장 중요한 분야 중 하나인 머신러닝이 무엇이고
어떤 원리로 작동하는지 함께 알아보자.

학습 키워드　#인공지능 #AI #인공지능 연구 #머신러닝
교과 연계　중3 〉 2학기 〉 기술·가정 〉 Ⅴ-1 정보 통신 기술과 소통

　　세계적으로 유명한 넷플릭스는 단지 콘텐츠가 다양해서 유명해진 건 아니야. 우리가 많이 경험했던 '알고리즘'을 적극 활용했기 때문이지.

　　넷플릭스는 사용자가 시청한 기록과 검색 내역, 시청한 시간과 하루 중 시청하는 시간대는 물론 장르, 카테고리, 배우, 공개 연도 등 콘텐츠 관련 정보, 선호하는 언어, 넷플릭스를 시청하는 디바이스(스마트 기기) 등을 종합적으로 판단해 사용자가 좋아할 만한 콘텐츠를 추천해 주고 있어. 이 시스템이 바로 오늘 함께 알아볼 인공지능 기술의 핵심 분야인 '머신러닝Machine learning'이야.

　　머신러닝은 인공지능 연구 분야 중 하나야. 이름 그대로 '기계가 스스로 배운다'는 뜻을 가지고 있어. 사람은 경험을 통해 배우고, 비슷한 상황에서 그 경험을 활용하지? 머신러닝도 데이터라는 경험을 많이 주면

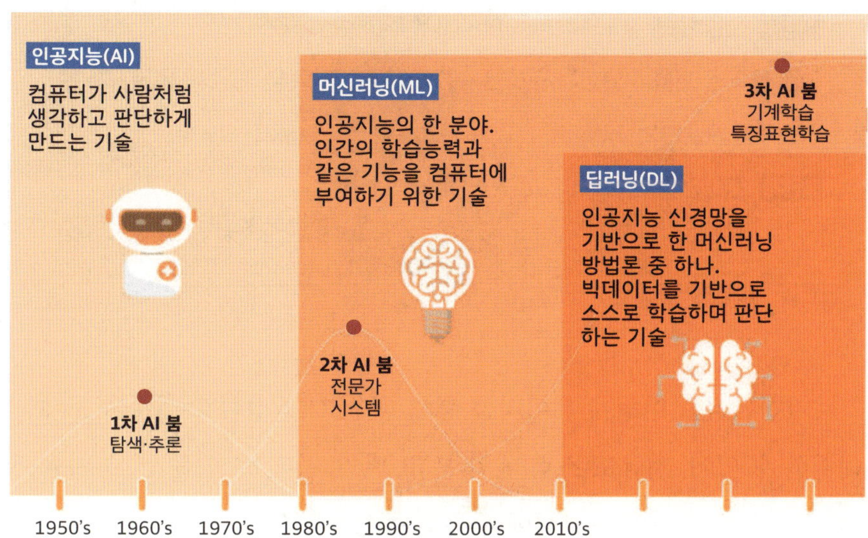

↑ 인공지능의 연구 분야

거기서 규칙을 찾아내고 스스로 판단할 수 있게 돼. 인공지능과는 별도로 2000년대에 들어오면서 컴퓨터가 꾸준히 발전하고 수많은 데이터들이 생겨났어. 이 빅데이터를 가지고 규칙을 찾아내도록 '학습'시키고, 학습 결과로 얻어진 지능을 산업 기술에 적용한 게 머신러닝이야.

머신러닝을 이해할 때 혼동하기 쉬운 개념이 바로 '딥러닝'이야. 머신러닝이 '데이터로 배우는 방법'을 가리킨다면 딥러닝은 '신경망이라는 방식을 써서 스스로 더 깊게 학습하는 방법'이야. 인공지능 신경망을 활용해 스스로 정보를 학습하고 판단하는 것이라고 이해하면 돼. 딥러닝은 다음 시간에 더 알려줄게.

그럼 머신러닝의 원리를 좀 더 구체적으로 살펴볼까? 크게 두 단계로 나눌 수 있어.

머신러닝은 이렇게 데이터를 통해 배우고 그 결과로 새로운 문제를 해결할 수 있어. 지금도 스팸 메일 분류, 번역, 사진 속 인물 인식, 자율주행 자동차 같은 다양한 분야에 활용되고 있지.

머신러닝은 앞으로도 인공지능 발전의 핵심 동력이 될 거야. 단순한 계산을 넘어서 스스로 배우고 판단하는 힘을 갖추고 있기 때문이지.

1. 다음 중 머신러닝에 대한 설명으로 옳지 않은 것은?

① 빅데이터를 스스로 분석할 수 있는 기술이다.

② 딥러닝 안에 포함되어 있는 개념으로, 인공지능과 동일한 의미다.

③ 데이터의 특징을 파악하고 판단을 내리는 원리로 이루어진다.

④ 2000년대 들어 구현되기 시작한 인공지능 기술이다.

⑤ 학습을 통해 더욱 정교한 판단을 내릴 수 있다.

2. 다음 빈칸에 알맞은 말을 써 보자.

> 머신러닝은 ___________ (을)를 통해 배우고 그 결과로 새로운 문제를 해결할 수 있어. 지금도 스팸 메일 분류, 번역, 사진 속 인물 인식, 자율주행 자동차 같은 다양한 분야에 활용되고 있지.

3. 여러분이 머신러닝 모델을 만든다면 어떤 모델을 만들고 싶어? 그 이유도 함께 적어 보자.

----

3. 머신러닝의 성능을 높이기 위해서는 어떤 노력이 필요할지 생각해 보고 두 가지를 적어 보자.

더 알고 싶어 119

📖 도서   ▷ 영상   🔍 사이트

▷ **이 영상 하나면 '인공지능', '머신러닝', '딥러닝' 이해가 됩니다 (메타코드M)**
헷갈리기 쉬운 AI 관련 용어들을 명확하게 구분하여 설명하는 교육 영상이야. AI, 머신러닝, 딥러닝의 차이를 확실히 알고 싶다면 봐. 짧은 시간에 개념을 정리할 수 있어.

🔍 **[AI랑 산다] #1 인공지능 역사로 알아보는 핵쉬운 용어사전, (LG 전자 뉴스룸, 전혜정)**
중학생 수준에서도 인공지능의 역사를 한 눈에 파악할 수 있을 뿐 아니라 재미있게 읽어볼 수 있어. 인공지능에 대한 복잡한 용어를 가벼우면서도 한 번에 이해할 수 있게 설명해줘.

AI의 공부법에도 스타일이 있다?

머신러닝의 유형과 사례

AI도 공부를 한다는 말, 신기하지 않아?
사람이 책을 보고 배우듯이 AI도 데이터를 보면서 스스로 익히고 성장해.
오늘은 AI가 어떤 방식으로 배우고 똑똑해지는지 그 공부 스타일을 함께 알아보자.

학습 키워드　#머신러닝 #지도학습 #비지도학습 #강화학습
교과 연계　중2 〉 1학기 〉 기술·가정 〉 IV-1 기술의 이해

지도학습: "선생님, 이게 정답이에요!"

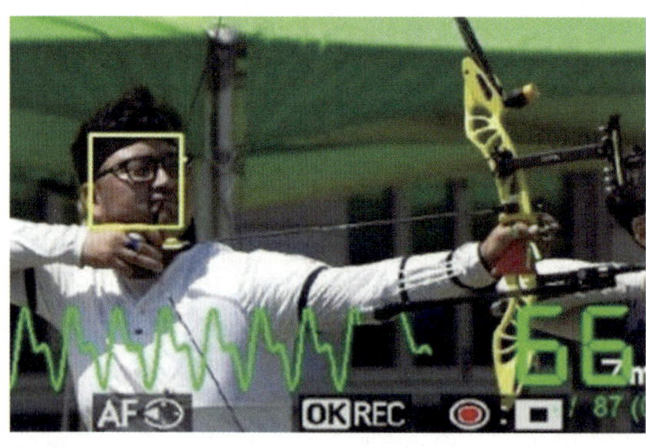

↑ 2024년 파리올림픽에서 김우진 선수가 양궁을 쏘는 장면을 AI가 분석한 모습 (현대자동차그룹)

2024년 7월, 파리 올림픽 양궁장에서 믿을 수 없는 장면이 벌어졌어. 한국의 김우진 선수가 화살을 쏘는 순간 거대한 스크린에 실시간으로 그의 자세 분석 결과가 떴어. "어깨 각도 완벽, 팔꿈치 위치 최적, 예상 명중률 98.7%" 이런 식으로 말이야. 이게 가능한 이유는 바로 AI 코치 때문이었어. 이 AI는 어떻게 만들어졌을

까? 개발자들은 먼저 세계 최고의 양궁 선수들이 경기하는 영상을 수천 시간 분량 수집했어. 그리고 각 영상마다 꼼꼼히 라벨을 붙였지. "이 자세로 쏜 화살은 10점", "이 자세로 쏘면 8점", "이 각도는 5점밖에 안 나와" 이런 식으로 말이야. 마치 선생님이 학생에게 "이 문제를 계산하면 답은 3이야."라고 하나하나 가르쳐주는 것과 똑같아.

AI는 이렇게 정답이 달린 수많은 예시를 보면서 패턴을 학습했어. 그래서 새로운 선수가 와서 활을 쏘려고 하면 자세만 보고도 조언할 수 있게 된 거야. 이런 방식을 '지도학습Supervised Learning'이라고 해. 지도학습의 가장 대표적인 예는 우리가 매일 사용하는 스팸 메일 필터야. 구글이나 네이버 같은 회사는 먼저 수백만 개의 메일을 수집하고 사람들이 직접 하나하나 확인하면서 '이건 스팸', '이건 정상 메일'이라고 라벨을 붙이지.

지도학습의 진짜 대단한 점은 의료 분야에서 나타나고 있어. 2023년 서울대병원에서는 AI가 의사들보다 더 정확하게 폐암을 진단한다는 연구 결과를 발표했어. 이 AI는 어떻게 만들어졌을까? 먼저 의사들이 수십 년간 촬영한 폐 CT 사진 수십만 장을 모았어. 그리고 각 사진마다 전문의들이 정확한 진단을 붙였지. 그 결과 암세포 주변의 혈관 모양이 어떻게 변하는지, 정상 세포와 암세포의 밀도 차이가 어떤지, 심지어 암의 종류에 따라 모양이 어떻게 다른지까지 구분할 수 있게 된 거야.

하지만 지도학습에는 한계가 있어. 가장 큰 문제는 정답이 있는 데이터를 만드는 게 엄청나게 비싸고 시간이 많이 든다는 거야. 의료 AI를 만들려면 전문의들이 몇 년에 걸쳐 수십만 장의 사진을 일일이 진단해야 하고 번역 AI를 만들려면 수많은 전문 번역가들이 문장을 하나하나 번역해야 하거든. 그래서 과학자들은 다른 방법을 찾기 시작했어.

비지도학습: "선생님 없이도 스스로 깨달아요!"

2020년 초 전 세계가 코로나19로 혼란에 빠졌을 때 넷플릭스와 유튜브 사용자가 폭발적으로 증가했어. 그런데 이상한 현상이 나타났지. 평소에 액션 영화만 보던 사람이 갑자기 요리 프로그램을 보기 시작하고 게임 영상만 보던 사람이 명상 콘텐츠에 관심을 보이기 시작한 거야. 넷플릭스는 이런 변화를 어떻게 파악했을까?

넷플릭스의 AI에게 누구도 '이 사람은 이런 영화를 좋아한다'고 가르쳐주지 않았어. 대신 전 세계 2억 명이 넘는 사용자들의 시청 기록을 분석하기 시작한 거야. '이 사람은 스릴러 영화를 30분 보다가 끄고 로맨스 영화는 끝까지 본다', '이 사람은 한국 드라마를 밤늦게 몰아서 본다' 이런 패턴들을 AI는 이 엄청난 데이터 속에서 비슷한 취향을 가진 사용자의 그룹을 스스로 분류했어. 이런 방식을 '비지도학습Unsupervised Learning'이라고 해. 더 놀라운 건 AI가 우리도 모르는 우리의 취향을 발견한다는 점이야. 예를 들어 평소에 액션 영화만 보던 사람을 AI가 분석해 보니 이 사람과 비슷한 패턴을 보이는 다른 사용자들이 심리 스릴러 장르도 좋아한다는 걸 발견한 거야. 그래서 영화 〈기생충〉을 추천했더니 정말 그 사람이 완전히 빠져서 본 거지.

강화학습: "게임하면서 배우는 게 최고야!"

2016년 3월 9일 서울 포시즌스 호텔에서 세기의 대결이 벌어졌어. 바둑 세계 챔피언 이세돌 9단과 구글의 인공지능 알파고의 마지막 대국이었지. 4연패를 당한 이세돌이 마지막 희망을 걸고 둔 한 수, 그 순간 알파고가 이상한 수를 두었어. 해설자들은 '이해할 수 없는 수'라고 했지만 몇 수 후 그것이 천재적인 한 수였다는 게 밝혀졌어. 알파고는 어떻게 인간도 생각하지 못한 창의적인 수를 둘 수 있었을까?

알파고의 비밀은 '강화학습Reinforcement Learnin'에 있었어. 이 방법은 마치 게임에서 레벨업하는 것과 똑같아. 처음에는 룰도 모르고 엉망진창으로 플레이하지만 이기면 경험치를 얻고 지면 깨달음을 얻으면서 점점 실력이 늘어나는 거지. 알파고는 처음에 인간 고수들의 바둑 게임을 보고 기본을 배웠어(지도학습). 그 다음에는 자기 자신과 바둑을 두기 시작했어. 하루에 수백만 게임씩 24시간 내내 쉬지 않고. 처음에는 정말 엉성했어. 바둑의 기본 규칙만 알 뿐 전략이라고는 전혀 없었거든.

하지만 게임을 할 때마다 '이기면 보상, 지면 반성'을 반복하면서 점점 발전했어. 가장 놀라운 건 알파고 제로였어. 이 AI는 바둑의 기본 규칙 외에는 아무것도 배우지 않았어. 인간의 바둑 게임도 보지 않고 오직 자기 자신과만 게임을 했지. 그런데 단 3일 만에 인간을 뛰어넘는 실력을 갖게 되었어! 어떻게 이런 일이 가능했을까?

강화학습의 핵심은 '탐험Exploration'과 '활용Exploitation'의 균형이야. 알파고 제로는 때로는 지금까지 잘 됐던 방법을 사용하고(활용), 때로는 완전히 새로운 방법을 시도해 봤어(탐험). 새로운 시도가 실패하면 "아, 이 방법은 안 되는구나" 하면서 배우고, 성공하면 "오, 이런 방법도 있구나!" 하고 기억했지. 이런 과정을 수백만 번 반복하면서 인간이 수천 년 동안 발견하지 못한 바둑의 새로운 전략들을 스스로 찾아낸 거야.

최근에는 챗GPT 같은 대화형 AI도 강화학습을 사용해. 챗GPT는 처음에 인터넷의 텍스트 데이터로 기본 언어 능력을 배웠지만 그것만으로는 인간과 자연스럽게 대화할 수 없었지. 그래서 실제 사람들과 대화를 나누면서 학습했어. 이런 AI의 학습 방식을 보면 우리 공부에도 힌트를 얻을 수 있어. AI처럼 다양한 방법을 조합해서 학습하면 어떨까?

1. 다음 중 지도학습(Supervised Learning)의 사례로 가장 적절한 것은?

　① 넷플릭스가 사용자들의 시청 패턴을 분석해서 비슷한 취향의 그룹을 찾는 것
　② 의사들이 진단을 붙인 수십만 장의 CT 사진으로 AI가 병을 진단하도록 훈련
　　하는 것
　③ 알파고가 자기 자신과 바둑을 두면서 실력을 향상시키는 것
　④ 아마존이 구매 데이터에서 함께 팔리는 상품들의 패턴을 발견하는 것
　⑤ 자율주행차가 시뮬레이션에서 시행착오를 통해 운전법을 배우는 것

2. 알파고 제로가 단 3일 만에 인간을 뛰어넘는 바둑 실력을 갖게 된 강화학습의 핵심 원리를 '탐험'과 '활용'의 개념을 사용해서 설명해 보자.

3. 비지도학습이 우리 일상에 미치는 영향을 구체적으로 설명해 보자.

4. 넷플릭스나 유튜브의 추천 시스템이 어떻게 작동하는지 설명하고 K-pop의 세계적 성공과 음악 스트리밍 서비스의 비지도학습이 어떤 관련이 있는지 설명해 보자.

더 알고 싶어 119

📖 도서　▷ 영상　🔍 사이트

📖 **『AI 첫걸음 교과서』, (신헌준 외, 북크크, 2023)**
　　지도학습, 비지도학습, 강화학습 등 AI의 다양한 학습 방법을 초보자 눈높이에 맞춰 설명한 입문서야. AI가 어떻게 다르게 배우는지 알고 싶다면 읽어봐. 그림과 예시가 많아서 이해하기 쉬울 거야.
▷ **AI시대, 미래학자가 연구한 미래 직업과 필수 역량 | 서용석 KAIST 문술미래전략대학원 교수 (세바시 강연)** AI 시대에 필요한 능력과 미래 직업 전망을 미래학 관점에서 제시하는 강연이야. 어떤 공부를 해야 할지 고민된다면 꼭 봐. 미래 사회에서 살아남는 방법을 알려줄 거야.

딥러닝, 깊이 파고드는 뇌 훈련

딥러닝의 개념과 원리

AI가 그림을 그리고, 작곡하고, 글을 쓰기도 한다는 말 들어봤지?
그 중심에는 인간의 뇌 구조를 본뜬 '딥러닝' 기술이 있어.
오늘은 AI의 뇌라고 불리는 딥러닝이 어떻게 배우고 생각하는지를 함께 살펴보자.

학습 키워드　#딥러닝 #신경망 #뉴런 #인공지능 #패턴인식
교과 연계　중3 > 2학기 > 기술·가정 > V-1 정보 통신 기술과 소통

인간의 뇌에는 약 1천억 개의 뉴런이 있어. 이 뉴런들이 서로 연결되면서 우리가 생각하고 기억하고 창조할 수 있게 해주지. 그런데 과학자들이 "만약 컴퓨터도 인간의 뇌처럼 작동한다면 어떨까?"라는 상상을 했어. 그 결과 탄생한 것이 바로 '딥러닝Deep Learning'이야. 이 신비로운 기술이 어떻게 작동하는지 함께 탐험해 보자.

인공 뇌의 탄생: 신경망의 비밀

2023년 9월, 서울아산병원의 AI가 의사들도 놓치기 쉬운 희귀 뇌종양을 99.8%의 정확도로 발견해 냈어. 이 AI는 단순히 프로그램된 규칙을 따르는 게 아니라 마치 숙련된 의사처럼 뇌 MRI 사진을 '보고', '분석하고', '판단'한 거야. 어떻게 이런 일이 가능했을까?

비밀은 바로 신경망Neural Network에 있었어. 우리 뇌의 뉴런이 서로 신호를 주고받는 것처럼 컴퓨터 안에 수천만 개의 인공 뉴런을 만들고 복잡하게 연결한 거야. 각각의 인공 뉴런은 실제 뉴런처럼 정보를 받고, 처리하고, 다른 뉴런에게 전달하는 역할을 해. 우리가 고양이의 귀 모양, 수염, 꼬리 같은 특징을 무의식적으로 파악한 후 '고양이'라고 인식하는 것처럼 딥러닝은 바로 이런 인간의 인식 과정을 컴퓨터로 구현한 거야.

딥러닝의 대혁명: 층층이 쌓인 지능

딥러닝이 '딥Deep'이라고 불리는 이유는 신경망이 아주 깊게, 즉 여러 층으로 쌓여있기 때문이야. 마치 양파껍질처럼 겹겹이 쌓인 각 층이 점점 더 복잡하고 추상적인 특징들을 학습하게 되는 거지.

2012년 구글의 딥러닝 AI가 유튜브 영상 1천만 개를 보고 스스로 고양이가 무엇인지 학습했다는 뉴스가 전 세계를 놀라게 했어. 아무도 "이게 고양이야"라고 가르쳐 주지 않았는데도, AI가 수많은 영상 속에서 고양이의 공통된 특징을 찾아낸 거야. 이는 딥러닝이 인간의 사고방식을 뛰어넘어 완전히 새로운 창의적 해결책을 찾아낼 수 있다는 걸 보여준 거야.

CNN: 이미지를 보는 인공 눈

CNNConvolutional Neural Network(합성곱 신경망)은 딥러닝 중에서도 이미지를 다루는 데 특화된 기술이야. 이 기술이 없었다면 우리가 지금 당연하

↑ 딥러닝 중 CNN 기술을 이용한 SNOW 앱 필터 기능
(스노우 홈페이지)

게 사용하는 많은 서비스들이 불가능했을 거야. 인스타그램이나 스노우 SNOW 앱에서 사진을 찍으면 자동으로 얼굴을 인식해서 필터를 씌워주지? 이것도 CNN의 작품이야. CNN은 우리 뇌의 시각 피질을 모방해서 만들어졌어. 시각 피질의 뉴런들이 시야의 작은 부분씩 담당하면서 전체 이미지를 파악하는 것처럼 CNN도 이미지의 작은 영역부터 시작해서 점점 더 큰 특징들을 인식해 나가지.

RNN: 시간을 기억하는 인공 뇌

우리가 책을 읽을 때는 앞에서 읽은 내용을 기억하면서 뒤의 내용을 이해하잖아? RNN Recurrent Neural Network(순환 신경망)은 바로 이런 '기억' 능력을 가진 딥러닝 기술이야. 네이버 파파고나 구글 번역에서 긴 문장을 번역할 때 문장의 처음 부분을 기억하면서 끝 부분을 번역해야 해. 예를 들어 "오늘 날씨가 좋아서 친구들과 함께 놀이공원에 갔는데 정말 재미있었어."라는 문장에서 '갔다'와 '재미있었다'가 모두 과거형이라는 걸 파악해서 일관성 있게 번역해야 하거든. RNN은 이런 문맥을 기억하는 능력이 뛰어나.

가장 혁신적인 RNN의 응용 사례는 LSTM Long Short-Term Memory이야. 이 기술은 장기간의 패턴을 기억할 수 있어서 음성 인식, 주식 예측, 심지어 음악 작곡까지 가능하게 만들었어. 대표적으로 2019년 오픈AI가 발표한 뮤즈넷 Muse Net은 LSTM을 사용해서 베토벤 스타일의 클래식부터 레이디 가가 스타일의 팝까지 다양한 장르의 음악을 작곡할 수 있어. 이건 RNN이 음악의 시간적 흐름과 각 작곡가의 고유한 패턴을 동시에 학습했기 때문에 가능한 일이야.

트랜스포머: 혁신의 새로운 물결

2017년 〈Attention Is All You Need〉라는 논문 제목으로 발표된 트랜스포머Transformer 아키텍처는 딥러닝계에 혁명을 일으켰어. 이전의 RNN이 순차적으로만 정보를 처리할 수 있었다면 트랜스포머는 문장의 모든 단어를 동시에 보면서 각 단어 간의 관계를 파악할 수 있게 되었거든. 챗GPT의 GPT-4, 그리고 구글의 바드Bard(현재 Gemini) 모두 트랜스포머 기술을 기반으로 만들어졌어. 이 AI들이 마치 인간처럼 자연스럽게 대화할 수 있는 이유도 트랜스포머의 '어텐션Attention' 메커니즘 덕분이야. 어텐션이 뭔지 예를 들어 보자. "그 남자가 공원에서 산책하다가 만난 여자에게 꽃을 주었다."라는 문장에서 '그'가 누구를 가리키는지 파악해야 해. 트랜스포머는 '그'라는 단어에 높은 어텐션(강조점)을 주면서 동시에 '남자'라는 단어와의 연관성을 계산해. 그래서 문맥상 '그'가 '남자'를 가리킨다는 걸 정확히 파악할 수 있는 거야.

생성형 AI: 창작하는 인공지능

딥러닝의 최신 발전 중 가장 화제가 되고 있는 분야는 바로 생성형 AIGenerative AI야. 이전의 AI가 주로 분류나 예측에 집중했다면 생성형 AI는 말 그대로 새로운 콘텐츠를 '창조'할 수 있어. GANGenerative Adversarial Network(생성적 적대 신경망)은 두 개의 신경망이 서로 경쟁하면서 학습하는 방식이야. 하나는 가짜 이미지를 만드는 '생성자Generator'이고 다른 하나는 진짜와 가짜를 구분하는 '판별자Discriminator'야. 마치 위조지폐범과 수사관이 계속 경쟁하면서 서로의 실력이 늘어나는 것과 비슷해. 2022년 등장한 달리2DALL·E2는 '해변에서 서핑하는 고양이'처럼 현실에 존재하지 않는 이미지도 자연스럽게 만들어낼 수 있어. 이건 GAN이 수

많은 고양이 사진과 서핑 사진을 학습한 후 두 개념을 창의적으로 결합할 수 있게 되었기 때문이야.

딥러닝의 한계와 미래

하지만 딥러닝도 만능은 아니야. 가장 큰 문제는 블랙박스 현상이야. 딥러닝 모델이 어떤 과정을 거쳐서 결론에 도달했는지 인간이 완전히 이해하기 어렵다는 거지. 마치 천재 수학자가 복잡한 문제의 답은 맞히지만 풀이 과정을 설명하기 어려운 것과 비슷해. 이 때문에 의료 분야에서는 AI의 진단 결과를 그대로 믿기 어려운 경우도 있어. 환자의 생명이 걸린 문제에서 "AI가 그렇게 말해서"라는 설명만으로는 부족하거든. 그래서 최근에는 XAI eXplainable AI (설명 가능한 AI) 연구가 활발해지고 있어.

또 다른 문제는 데이터 편향 Data Bias 이야. AI는 학습 데이터의 패턴을 그대로 따르기 때문에 만약 데이터에 편견이 포함되어 있다면 AI도 그 편견을 학습해 버려. 예를 들어 과거 채용 데이터로 학습한 AI가 여성 지원자를 불합격시키는 경향을 보인다거나 특정 지역 출신을 차별하는 결과를 낼 수도 있어.

하지만 과학자들은 이런 문제들을 해결하기 위해 끊임없이 연구하고 있어. '연방학습 Federated Learning'처럼 개인정보를 보호하면서도 효과적으로 학습할 수 있는 기술이나, 적은 데이터로도 학습할 수 있는 '퓨샷 러닝 Few-shot Learning' 같은 혁신적인 방법들이 계속 나오고 있거든.

미래에는 딥러닝이 더욱 발전해서 인간의 창의성까지 뛰어넘는 AI가 나타날지도 모르겠어. 하지만 중요한 건 AI가 인간을 대체하는 게 아니라 인간과 함께 협력해서 더 나은 세상을 만들어 나간다는 거야. 우리는 AI를 이해하고 올바르게 활용할 줄 아는 능력을 기르는 것이 중요해.

1. 딥러닝이 '딥(Deep)'이라고 불리는 이유는?

   ① 바다 깊은 곳에서 개발되었기 때문에

   ② 신경망이 여러 층으로 깊게 쌓여 있기 때문에

   ③ 매우 어렵고 복잡한 기술이기 때문에

   ④ 인간의 깊은 사고를 모방하기 때문에

   ⑤ 깊은 철학적 사고가 필요한 기술이기 때문에

2. 다음 딥러닝 기술과 그 활용 사례를 올바르게 연결해 보자.

   ㉠ CNN(합성곱 신경망)   A. 챗GPT의 자연어 처리

   ㉡ RNN(순환 신경망)   B. 인스타그램 얼굴 필터

   ㉢ GAN(생성적 적대 신경망)   C. 구글 번역의 문장 번역

   ㉣ 트랜스포머   D. DALL-E의 이미지 생성

3. 생성형 AI(챗GPT, DALL-E 등)가 여러분의 학습에 미치는 긍정적 영향 한 가지와 부정적 영향 한 가지를 쓰고, 부정적 영향을 줄이기 위한 본인만의 해결책을 제시해 보자.

4. 만약 딥러닝 개발자가 되어 학교생활을 더 편리하게 만들어 줄 AI 서비스를 하나 기획해 본다면 어떤 문제를 해결하고 싶어? 어떤 딥러닝 기술을 사용할 것인지 포함해서 작성해 보자.

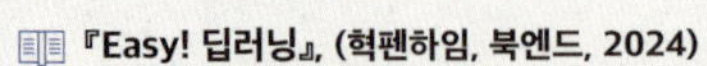

더 알고 싶어 119

📑 도서   ▷ 영상   🔍 사이트

📖 『Easy! 딥러닝』, (혁펜하임, 북엔드, 2024)
복잡한 딥러닝 원리를 그림과 예시로 쉽게 풀어낸 입문자용 도서야. 인공신경망이 어떻게 작동하는지 단계별로 배울 수 있어. 딥러닝에 관심 있지만 어렵게 느껴진다면 이 책부터 시작해봐.

🔍 AI Hub 정부가 운영하는 인공지능 학습용 데이터 공유 플랫폼으로 다양한 데이터셋을 무료로 제공해. 직접 AI 프로젝트를 해보고 싶다면 여기서 데이터를 다운받아봐. 학교 과제나 대회 준비에도 유용할 거야.

딥러닝,
분야별 특화 버전!

딥러닝의 유형과 사례

뉴스에서 접하는 딥페이크는 실제 같은 가짜 영상이나 사진을 말해.
이 기술도 딥러닝에서 나온 것이고, 이미 우리 생활 속에 깊이 들어와 있지.
그런데 딥러닝도 자세히 보면 몇 가지 유형으로 나눌 수 있어.
오늘은 대표적인 딥러닝의 세 가지 유형과 그 사례를 함께 살펴보자.

학습 키워드   #인공지능 #딥러닝 #CNN #RNN #Transformer #GAN
교과 연계   중2 〉 1학기 〉 기술·가정 〉 IV-1 기술의 이해

뉴스나 인터넷에서 '딥페이크Deepfake'라는 용어를 종종 쓰는 걸 봤을 거야. 딥페이크란 '딥러닝Deep Learning'과 '페이크fake(가짜)'가 합성된 단어로, 실제처럼 보이는 가짜 이미지, 오디오, 비디오를 만들어 내는 인공지능 기술이야. 실제 딥페이크는 딥러닝 기술의 발전으로 눈으로 보기에 진짜와 구분이 되지 않을 정도로 완성도가 높아. 딥페이크를 이용해 만날 수 없었던 역사 인물을 재현해 교육 효과도 거둘 수 있지만, 한편으로는 딥페이크 기술이 각종 범죄로 악용되고 있어서 걱정스럽기도 해. 이렇게 양면성을 지닌 딥러닝 기술의 세 가지 유형과 사례를 알아보자.

딥러닝 기술의 유형과 사례

딥러닝은 합성곱 신경망CNN, Convoluntional Neural Network, 순환 신경

망RNN, Recurrent Neural Network, 생성적 적대 신경망GAN, Generative Adversarial Network이 있어. 이름은 낯설지만, 사례를 알면 어렵지 않아.

첫째, 합성곱 신경망CNN은 이미지나 영상을 분석하는 데 강해. 사진을 확대해서 보는 것처럼 얼굴이나 물체를 작은 조각으로 쪼개 분석하고, 다시 조합해 특징을 찾아내는 방식이지. 이미지를 마치 패치patch처럼 격자 모양으로 쪼개서 특징을 뽑아내는데, '합성곱'이라는 말이 수학 용어라 어렵게 느껴질 뿐이지 내용은 간단해. 합성곱 신경망은 인간의 시각 시스템을 모방해서 이미지를 처리하는 것이라 얼굴 인식 잠금, 자율주행 자동차의 물체 인식, CCTV 이상 행동 탐지 같은 데 활용돼.

둘째, 순환 신경망RNN이야. 순환 신경망은 순서가 있는 데이터를 잘 처리해. 예를 들어 문장을 읽을 때 앞 단어를 기억해 다음 단어를 이해하는 것처럼 말이야. 그래서 음성 인식, 자동 번역, 문장 생성, 심지어 음악 작곡 같은 분야에서 쓰이고 있어. 또 주식 가격 예측처럼 시간이 흐르면서 달라지는 데이터를 분석할 때도 유용하지.

마지막은 생성적 적대 신경망GAN이야. 생성적 적대 신경망은 두 개의 신경망이 경쟁하며 발전하는 구조야. 하나는 '생성자'로 새로운 데이터를 만들고 다른 하나는 '판별자'로 진짜와 가짜를 구분하지. 이 둘이 서로 겨루면서 점점 더 진짜 같은 결과를 만들어 내는 거야. 생성적 적대 신경망은 딥페이크 영상 제작, 그림 스타일 변환, 오디오북 제작 같은 데에 많이 쓰이고 있어. 그리고 구글 어시스턴트와 같은 음성 어시스턴트와 스마트폰 카메라 앱에서 사진을 예술작품처럼 바꿔 주는 기능에도 활용돼.

이렇게 세 가지 신경망들은 각자 다른 강점을 가지고 있어. 이미지를 다루는 데는 '합성곱 신경망', 시간 순서가 중요한 데이터에는 '순환 신경망', 새로운 데이터를 만들어내는 데는 '생성적 적대 신경망'이 제격이지. 연구자들은 이 모델들을 변형하거나 합쳐서 더 발전된 딥러닝 기술을 만들어 내고 있어.

앞으로 딥러닝은 교육, 의료, 예술 등 다양한 분야에서 더욱 강력한 도구로 쓰이게 될 거야. 그래서 우리가 딥러닝의 원리를 조금이라도 이해하고 있다면 미래 기술을 더 잘 활용할 수 있을 거야.

1. 다음 중 딥러닝 모델 중 두 개의 신경망이 서로 경쟁하며 발전하는 모델은?

　① 합성곱 신경망(CNN)　　　　　② 순환 신경망(RNN)
　③ 생성적 적대 신경망(GAN)　　　④ 트랜스포머(Transformer)
　⑤ 자기부호화기(Autoencoder)

2. 합성곱 신경망(CNN)이 이미지 분류에 잘 사용되는 이유는 무엇일까?

3. 다음 기사에서 나타난 문제는 딥러닝 모델 중 어떤 신경망에 오류가 발생한 것일까?

> 영화 〈어벤져스: 인피니티 워〉의 "We're in the end game now"라는 대사에서 'End game'이라는 단어는 일반적으로 최종 단계라는 뜻으로 "이제 최종 단계야"라는 번역이 적절하다. 하지만 "이젠 가망이 없어"라고 뜬금없는 번역이 되면서 관람객들의 비난을 받았다. 이후 VOD에서는 오역을 인정하고 원래대로 수정되었지만, 영화관에서 영화를 봤음에도 자막 때문에 제대로 된 내용을 이해하지 못한 관객들의 분노를 샀다.　　　　(출처: ZUM 허브, '영화 어벤져스를 '망친' 최악의 오역')

4. 생성적 적대 신경망(GAN)으로 반려동물의 이미지를 생성한다면 어떤 용도로 활용할 수 있을까?

더 알고 싶어 119

📖 도서　▷ 영상　🔍 사이트

▷ **딥러닝의 종류, 한방에 정리하기 (인공지능 개발자 모임)**
CNN, RNN, GAN 등 분야별 딥러닝 기술을 비교 정리한 개발자 커뮤니티의 학습 자료야.
각 기술이 어디에 쓰이는지 한눈에 볼 수 있어. 좀 더 전문적인 내용을 원한다면 읽어봐.

🔍 **인공지능의 미래: 기계학습과 딥러닝의 발전 방향 (F-Lab)**
딥러닝 기술이 앞으로 어떤 방향으로 발전할지 전문가의 견해를 담은 세미나 영상이야.
미래 기술 트렌드를 미리 알고 싶다면 봐. AI 연구자가 되고 싶은 친구들에게 추천해.

데이터, 모이면 힘이 된다

데이터의 역사와 유형

주변에서 데이터를 찾아보라고 하면 아마 성적표, 스마트폰 사용 기록, 가계부 같은 게 생각날 거야. 이렇게 데이터는 이미 우리 생활 속에 자연스럽게 자리 잡고 있지. 오늘은 데이터가 어떻게 발전해 왔는지 또 어떤 유형이 있는지 함께 살펴보자.

학습 키워드　#인공지능 #데이터 #데이터의역사 #데이터의유형
교과 연계　중2 〉1학기 〉 정보 〉 II-2 자료와 정보의 분석

여러분도 알다시피, 데이터는 숫자나 문자로 된 정보를 말해. 우리는 이런 데이터를 이용해 세상을 이해하고 설명할 수 있지. 그런데 이 데이터의 역사는 생각보다 오래됐어. 인류가 문자를 발명하면서부터 데이터를 기록하기 시작했다고 볼 수 있거든.

고대 문명에서의 데이터

고대 이집트나 메소포타미아에서는 인구 수, 농작물 생산량 같은 걸 기록했어. 이 데이터를 바탕으로 세금을 정하거나 나라를 운영했지. 우리나라에서도 일제강점기 때 일본이 가장 먼저 한 일 중 하나가 인구 통계 작성이었어. 자원을 효율적으로 빼앗기 위해서였지. 이렇게 인류가 체계적으로 모은 첫 데이터는 바로 '인구 조사 데이터'라고 볼 수 있어.

데이터의 시작은 굉장히 오래됐지만 발전 속도는 상당히 느렸어. 국가에서 모든 국민을 대상으로 인구 같은 걸 파악하는 작업은 규모가 커서 기획하고 실행하는데 엄청난 노력과 돈이 들기 때문이야.

17세기 이후의 데이터 활용

17세기 유럽에서는 개인을 국가의 소속원으로 보지 않고 독립된 존재로 바라보는 시각이 생겼어. 이탈리아의 은행가 톤티는 사람들의 생년월일, 성별, 사망 연령 같은 데이터를 모아 수명이 얼마나 될지 예측하고 '톤틴연금'이라는 최초의 데이터 기반 보험 제도를 만들었어. 바로 이 시점이 데이터를 오늘날의 의미로 사용하기 시작한 때야. 또 17세기 과학 혁명 시대에는 천체의 움직임 같은 데이터를 모아 천문학이 크게 발전했지.

사회학과 통계학의 시작

한편 벨기에의 사회학자 아돌프 캐틀레는 인간 데이터를 바탕으로 '평균 인간'이라는 개념을 만들었어. 나라별로 평균적인 체격이나 특징을 비교한 거야. 프랑스와 벨기에의 평균 인간이 얼마나 다른지 연구했고 군사학의 발전 시기라 프랑스군과 독일군 병사의 데이터를 수집해서 비교했어. 영국의 프랜시스 골턴은 성격과 성질까지 데이터로 모아 연구했는데, 이런 흐름이 오늘날 통계학 발전의 토대가 되었어. 하지만 이 시기는 강대국의 식민지배가 이루어지던 시대이기도 해서 데이터가 인류를 우등한 인종과 열등한 인종으로 나누는 잘못된 우생학에 이용되기도 했지. 그럼에도 데이터는 수많은 실험을 통해 세상을 더 정교하게 이해할 수 있다는 믿음을 남겼고 그 정신은 오늘날까지 이어지고 있어.

오늘날의 데이터

21세기에는 빅데이터 시대가 열렸어. 스마트폰, 인터넷, 각종 센서 덕분에 우리가 일상에서 자동으로 남기는 기록이 모두 데이터가 된 거야. 이렇게 쌓인 방대한 데이터는 인공지능이 학습하는 데 꼭 필요한 재료가 되고 있어.

데이터는 대표적으로 어떤 유형이 있을까? 데이터는 크게 세 가지 유형으로 나눌 수 있어.

- **수치 데이터(숫자 데이터)**: 성적표 점수, 물건의 가격처럼 숫자로 표현된 데이터
- **비수치 데이터(문자형, 논리형 등)**: 우리가 나누는 대화, SNS 글, 사진이나 영상처럼 숫자로 표현되지 않는 데이터.
- **추상적 데이터**: 행복, 정의, 자유 같은 눈에 보이지 않지만 우리가 느끼고 생각할 수 있는 개념, 또는 친구 관계나 부모자식 관계 같은 사람 사이의 관계 데이터.

데이터는 과거부터 현재까지 끊임없이 발전해 왔고, 앞으로도 중요한 역할을 할 거야. 데이터는 사회를 움직이고, 데이터 분석가, 데이터 과학자, 데이터베이스 관리자 같은 새로운 직업을 만들고 있지. 그래서 데이터를 이해하고 활용하는 힘을 기르는 게 미래를 준비하는 데 꼭 필요한 능력이야.

1. 인류 역사에서 처음으로 데이터가 등장하게 된 배경은?

   ① 우생학의 발전　　　　② 인구 조사의 진행　　　　③ 군대 규모의 파악
   ④ 국왕 즉위식 참석자 파악　　⑤ 농업 생산량 파악

2. 데이터의 역사에 대해 설명해 보자. 데이터가 언제부터 사용되었고, 어떤 변화를 겪어왔는지 자세히 적어 보자.

----

3. 데이터의 유형에는 어떤 것들이 있을까? 각 유형의 특징과 사용 사례를 설명해 보자.

----

3. 미래의 데이터 기술은 어떻게 발전할까? 새로운 데이터 유형이나 활용 방법을 예측해 보자.

👍 더 알고 싶어 119

📖 도서　▷ 영상　🔍 사이트

▷ **데이터의 역사(History of Data) (이수안컴퓨터연구소)**
고대부터 현대까지 데이터가 어떻게 활용되어 왔는지 역사적 관점에서 정리한 교육 자료야. 데이터가 항상 중요했다는 걸 알 수 있어. 역사와 기술을 함께 배우고 싶다면 읽어봐.

🔍 **데이터 저널리즘의 역사와 배경 (네이버 지식백과)**
데이터를 활용한 언론 보도의 발전 과정을 설명하는 백과사전 항목이야. 데이터로 어떻게 진실을 밝히는지 알 수 있어. 미디어나 저널리즘에 관심 있다면 읽어봐.

빅데이터,
이름값은 어떻게 생겼을까?

빅데이터 등장 배경

'빅데이터'라는 말, 많이 들어봤지? 말 그대로 엄청나게 큰 데이터를 뜻해.
지금은 SNS, 대중교통, 쇼핑 등 거의 모든 곳에 빅데이터가 활용되고 있지.
그렇다면 빅데이터는 언제부터 등장했을까?
오늘은 빅데이터가 생겨나게 된 배경에 대해 알아보자.

학습 키워드　#인공지능 #데이터 #빅데이터
교과 연계　중2 >1학기 > 정보 > Ⅱ-2 자료와 정보의 분석

　누군가 "빅데이터가 뭘까요?"라고 물으면 어떻게 대답할 거야? SNS를 말하는 사람도 있을 것이고, 기상청에서 사용하는 슈퍼컴퓨터나 인공지능 개발자가 사용하는 코딩 프로그램을 이야기하는 사람들도 있을 거야. 뜻 자체는 '큰 데이터'라는 의미인데 생각보다 설명하기는 어렵지?

　'빅데이터'는 기존의 데이터베이스(데이터 저장 및 처리 공간)로는 수집, 저장, 처리가 어려울 정도로 '많은' 데이터 자료를 의미해. 빅데이터는 날짜, 숫자, 문자 등 일정한 형식이 정해져 있는 정형定形 데이터가 있고 이미지, 동영상, 문서 등 별도의 형식이 정해져 있지 않은 비정형非定形 데이터도 있어. 빅데이터의 정확한 뜻은 학자들마다 다르지만, 대체로 기존의 데이터 처리만으로는 얻을 수 없는 새로운 정보와 가치를 막대한 양의 데이터를 통해서 찾아내는 방식이라고 생각하면 좋겠어.

빅데이터가 등장한 배경

빅데이터는 언제부터 우리와 함께했을까? 빅데이터라는 말은 최근에 갑자기 만들어진 게 아냐. 이미 오래전부터 '정보의 홍수'라는 표현이 쓰였고 그게 점점 발전해 '빅데이터'라는 용어로 자리 잡은 거야. 빅데이터가 등장하게 된 배경은 크게 세 가지 요인으로 정리할 수 있어.

디지털 기술의 발전: 스마트폰, 인터넷, SNS 같은 디지털 기기가 보급되면서 사람들이 만들어 내는 데이터 양이 폭발적으로 늘었어. 하루에도 수많은 사진, 영상, 검색 기록, 메시지가 데이터로 쌓이지. 예전에는 이런 걸 다 저장하거나 처리하기 어려웠지만, 이제는 저장 장치와 서버가 발전하면서 훨씬 많은 데이터를 다룰 수 있게 됐어. 기업과 정부는 이 데이터를 분석해 상품 개발이나 정책 결정에 활용하기도 해.

빅데이터 산업의 성장 (과학기술일자리진흥원)

단위: 세계시장 - 백만 달러, 국내시장 - 십억 원

구분		2017	2018	2019	2020	2021	2022	2022	CAGR
빅데이터	세계	53,440	59,040	65,450	72,890	81,380	90,006	99,547	10.6%
	국내	244.2	298.7	358.3	446.8	557.2	694.8	866.4	24.7%

[세계시장] IDC's Semiannual Big Data and Analytics Software Tracker, May 2017(2022~2023 CAGR 유추)
[국내시장] IDC Korea Big Data Technology and Services 2015-2019 Forecast, Feb 2016. (2020~2023 CAGR 적용)

우리나라의 데이터베이스 산업 규모는 2012년 11조 64억 원, 2013년에는 11조 6천억 원을 넘을 정도로 성장했고, 세계 시장은 계속해서 꾸준히 성장하고 있어. EMC, IBM, 오라클, SAP, 구글 같은 글로벌 메이저 기업들이 빅데이터 시장을 선점하고 있지.

데이터 처리 기술의 발전: 예전 컴퓨터는 대용량 데이터를 다루기 힘들었어. 하지만 지금은 성능이 크게 발전해서 수많은 데이터를 빠르고 정확하게 분석할 수 있게 됐지. 예를 들어 인공지능이 수천만 장의 사진을 학습해 얼굴을 구분하거나 자율주행차가 도로의 모든 상황을 실시간으로 인식하는 것도 이런 기술 덕분이야. 세계적으로 빅데이터를 활용한 '지도 학습Supervised learning', '설명 가능한 인공지능Explainable AI' 같은 연구가 활발하게 진행 중이야.

국내에서도 KAIST 같은 연구기관이 '설명 가능한 인공지능' 프로젝트로 복잡한 데이터 처리 과정을 사람이 이해할 수 있게 만드는 기술을 개발하고 있어. 한 영역의 기술 발전이 다양한 영역의 발전을 이끌면서 빅데이터 산업의 성장은 더욱 빨라졌어.

데이터 분석 기술의 발전: 마지막으로 데이터 분석 기술은 단순히 데이터를 모으는 걸 넘어 그 안에 유용한 정보를 뽑아내는 기술이 빠르게 발전했어. 통계학, 머신러닝, 딥러닝 같은 분석 기술 덕분에 방대한 데이터를 훨씬 정확하고 빠르게 해석할 수 있지. 즉 의사결정을 더 빠르고 효율적으로 내릴 수 있게 된 거야. 예를 들어 온라인 쇼핑몰에서는 고객의 구매 기록과 검색 데이터를 분석해서 맞춤형 추천 서비스를 제공하고, 병원에서는 환자 데이터를 분석해 더 빠르고 정확한 진단을 내릴 수 있어. 또 보안 기술도 발달해 데이터를 안전하게 관리할 수 있게 됐어.

이처럼 빅데이터의 등장은 우리의 삶을 크게 바꿔 놓았어. 과거에는 불가능했던 방대한 데이터 처리와 분석이 가능해지면서 더 빠르고 정확한 의사결정이 가능해진 거야. 앞으로 빅데이터는 사회 전반에 더 깊이 쓰이게 될 거고 우리가 살아가는 방식을 계속 바꿔 나가게 될 거야.

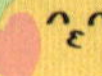

1. 빅데이터가 등장한 배경으로 옳은 것은? (정답 2개)

　　① 데이터 생성량이 급격히 증가했기 때문
　　② 데이터를 저장할 수 있는 공간이 부족해졌기 때문
　　③ 데이터를 분석하는 기술이 발전했기 때문
　　④ 데이터를 처리하는 속도가 느려졌기 때문
　　⑤ 데이터의 종류가 단순해졌기 때문

2. 최근 많은 사람들이 스마트폰으로 사진을 찍고 공유하면서 사진 데이터가 폭발적으로 늘어났어. 이렇게 빠르게 늘어나는 데이터를 제대로 처리하려면 어떻게 해야 할까?

3. 빅데이터를 활용하면 어떤 새로운 서비스나 제품이 만들어질 수 있을까?

4. 빅데이터 기술을 활용해 사회 문제를 해결할 수 있는 방법은 무엇이 있을까?

더 알고 싶어 119

📖 도서　▷ 영상　🔍 사이트

🔍 『인공지능(빅데이터)시장 및 기술 동향』 (한국산업기술진흥협회)
빅데이터 산업의 현황과 미래 전망을 분석한 정부 연구 보고서야. 빅데이터 시장이 얼마나 큰지, 어떤 분야에서 활용되는지 알 수 있어. 진로 탐색이나 보고서 작성에 유용할 거야.

▷ 빅데이터란? (소프트웨어야 놀자)
빅데이터의 개념과 특징을 애니메이션으로 쉽게 설명하는 교육용 영상이야. 처음 빅데이터를 배우는 친구들에게 딱이야. 짧고 재미있어서 집중력이 약해도 끝까지 볼 수 있을 거야.

🔍 빅데이터야~ 반가워! '물'만난 DB산업의 성장이야기! (한국데이터산업진흥원)
빅데이터 기술 발전이 데이터베이스 산업에 미친 영향을 통계로 보여주는 분석 자료야. 숫자로 보니까 더 확실하게 이해할 수 있어. 데이터 분석에 관심 있다면 읽어봐.

3V라니?
데이터에도 비밀 코드가?

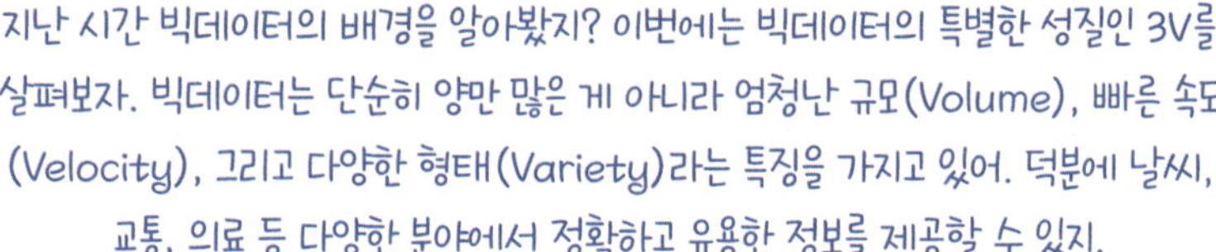

지난 시간 빅데이터의 배경을 알아봤지? 이번에는 빅데이터의 특별한 성질인 3V를 살펴보자. 빅데이터는 단순히 양만 많은 게 아니라 엄청난 규모(Volume), 빠른 속도(Velocity), 그리고 다양한 형태(Variety)라는 특징을 가지고 있어. 덕분에 날씨, 교통, 의료 등 다양한 분야에서 정확하고 유용한 정보를 제공할 수 있지.

학습 키워드   #인공지능 #데이터 #빅데이터
교과 연계   중2 〉 1학기 〉 정보 〉 II-2 자료와 정보의 분석

빅데이터는 우리 생활에 매우 유용하게 사용되고 있어. 이 빅데이터의 특징은 무엇일까? 바로 '부피Volume(규모)', '속도Velocity', '다양성Variety'이라는 3가지 특징이 있어. 이걸 바로 빅데이터의 3V라고 부르는데, 이제부터 이 3가지 특징에 대해 자세히 알아보자.

부피

부피Volume는 말 그대로 저장되는 데이터의 양, 즉 데이터의 크기를 뜻해. 이메일, 사진, 영상, SNS 글처럼 우리가 매일 쏟아내는 데이터는 상상할 수 없을 만큼 많아. 이렇게 쌓이는 데이터의 양이 바로 빅데이터의 가장 기본적인 특징이고 핵심 요소야.

속도

데이터 속도Velocity는 데이터의 고도화된 실시간 처리를 의미해. 빅데이터는 단순히 많이 모으는 것만 중요한 게 아니야. 얼마나 빨리 수집하고 분석해서 표현하느냐도 핵심이야. 예를 들어 교통 데이터가 실시간으로 분석되지 않으면 빠른 길 안내가 불가능하겠지? SNS에서 올라오는 글과 사진도 실시간으로 분석해야 유용한 정보를 얻을 수 있어. 그래서 데이터의 속도는 현대 사회에서 더욱 중요해지고 있어.

다양성

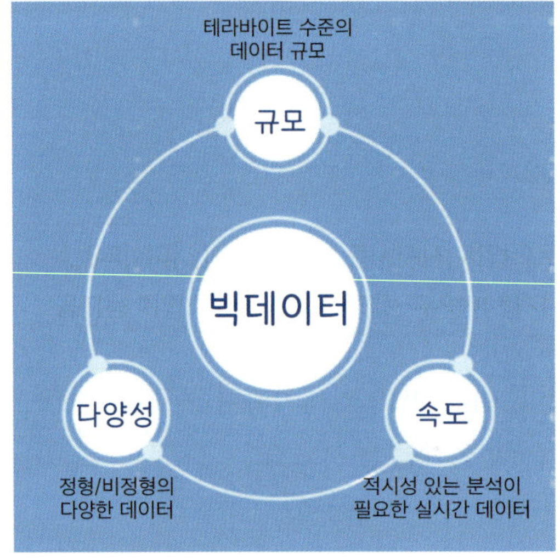

↑ 빅데이터의 3V (전국과학관길라잡이)

다양성Variety은 다양한 형태의 데이터가 존재한다는 거야. 숫자처럼 규칙이 있는 정형 데이터뿐만 아니라 사진, 영상, 음성, 로그 파일 처럼 규칙이 없는 비정형 데이터도 포함돼. 그래서 빅데이터 분석은 여러 형태의 데이터를 함께 다룰 수 있어야 해.

최근에는 이 3V에 더해 '정확성Veracity'과 '가치Value'를 더해 5V라고 부르기도 해. 정확성은 데이터가 믿을 만한지, 가치가 있는지를 따지는 거고, 가치는 단순히 쌓아둔 데이터가 아니라 그 안에서 의미를 뽑아내는 걸 말하지. 하나의 데이터 보다는 여러 데이터와 연계할 때 가

▲ 빅데이터의 시각화 사례 – 빅데이터와 예측 분석을 이용한 스포츠 중계 (한국소비자원)

치가 높아지니까. 이렇게 하려면 데이터 분석가와 분석 시스템이 필요해. 또 어떤 학자들은 '가변성Variability'이나 '시각화Visualization' 같은 새로운 V를 제안하기도 해. 데이터의 해석이 상황에 따라 달라질 수 있고, 분석 결과가 누구나 쉽게 이해할 수 있도록 시각적으로 표현되는 게 중요하다는 거야.

이렇게 빅데이터의 특징은 3V, 5V를 넘어 시간이 지나면서 계속 확장되고 있어. 하지만 그 중심에는 늘 부피, 속도, 다양성이라는 세 가지 기본 성질이 있다는 걸 기억하면 돼.

1. 다음 중 빅데이터의 3V 중 데이터의 부피(규모)를 의미하는 것은?

　① 데이터의 종류　　② 데이터의 양　　③ 데이터의 저장 속도
　④ 데이터의 생성 속도　⑤ 데이터의 구조

2. 빅데이터의 3V 중 하나인 '다양성(Variety)'에 대해 설명해 보자. 우리가 만들고 있는 다양한 형태의 데이터에는 어떤 것들이 있는지 예를 들어 설명해 보자.

3. 빅데이터의 새로운 3V 중 하나인 '정확성(Veracity)'에 대해 설명해 보자. 빅데이터를 활용할 때 데이터의 정확성이 중요한 이유는 무엇일까?

4. 빅데이터의 5V 중 하나인 '가치(Value)'를 설명해 보자. 빅데이터를 통해 우리가 얻을 수 있는 다양한 가치에는 어떤 것들이 있는지 예를 들어 설명해 보자.

더 알고 싶어 119

📖 도서　▶ 영상　🔍 사이트

▶ **빅데이터의 뜻과 특징 - 3V와 6V of Big data (친절한 AI)**
빅데이터의 핵심 특징인 3V(Volume, Velocity, Variety)를 쉽게 풀어 설명한 블로그 자료야. 6V까지 확장된 개념도 다뤄서 심화 학습에 좋아. 빅데이터의 특징을 정리하고 싶다면 읽어봐.

🔍 **스마트 과학관 빅데이터 〈빅데이터의 속성 3V, 4V〉 (전국과학관길라잡이)**
과학관에서 제작한 빅데이터 교육 프로그램으로 체험형 학습 콘텐츠를 제공해. 직접 체험해 볼 수 있는 활동이 있어서 재미있게 배울 수 있어. 과학관 견학 전에 미리 보면 좋을 거야.

내 일상도 데이터가 된다고?

우리 생활 속의 빅데이터

스마트폰이나 인터넷 속에도 수많은 데이터가 숨어 있다는 것을 알고 있니?
검색, 사진, SNS 등 우리가 활동하는 순간마다 새로운 데이터가 만들어져.
이렇게 쌓인 데이터를 모아 분석하는 것을 빅데이터라고 불러.
빅데이터는 우리 생활을 편리하게 바꿔주지만 조심해야 할 점도 있지.
오늘은 생활 속 빅데이터를 함께 찾아보자.

학습 키워드　#인공지능　#데이터　#빅데이터　#일상속빅데이터
교과 연계　중2 >1학기>정보> II -2 자료와 정보의 분석

요즘은 스마트폰, 인터넷, SNS가 생활 속에 깊이 들어와 있어. 우리가 무심코 남긴 행동 하나하나가 데이터가 돼. 검색 기록, 위치 정보, 사진, 메신저 대화, 쇼핑 내역, 심지어 건강 관리 앱 기록까지 모두 데이터야. 이렇게 모인 데이터는 '빅데이터'로 분석돼 우리 생활에서 활용되고 있어. 예를 들어 볼까?

- 온라인 쇼핑에서 내가 좋아할 만한 상품을 추천해 주는 기능
- 유튜브나 음악 앱에서 취향에 맞는 콘텐츠를 보여주는 기능
- 날씨와 교통 상황을 실시간으로 알려주는 서비스

이 모든 게 빅데이터 덕분이야. 생활을 편리하게 만들어 주었어.

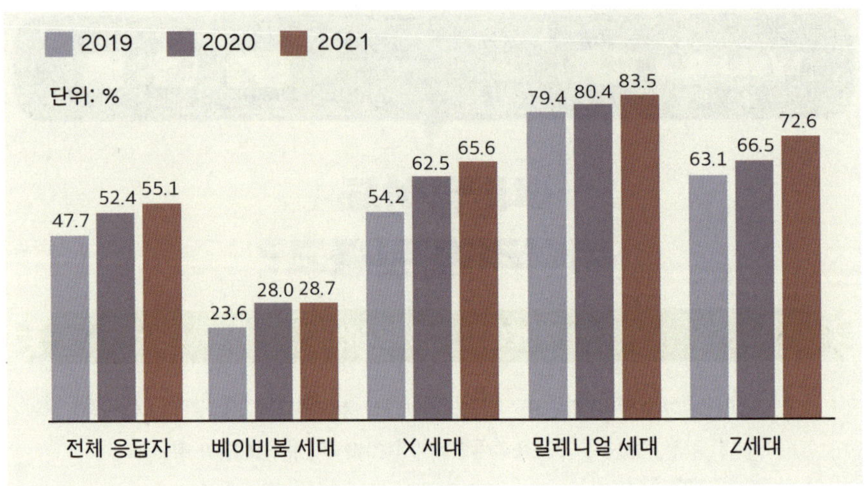

▲ 세대별 SNS 이용률 변화 경향 (정보통신정책연구원)

2022년 정보통신정책연구원KISDI의 '세대별 SNS 이용 현황' 보고서에 따르면 SNS 이용률은 2019년 47.7%에서 2020년 52.4%, 2021년 55.1%로 꾸준히 증가했어. SNS가 사람들의 관계를 이어주는 소통망을 넘어 빅데이터 기반으로 정보를 추천하고 뉴스까지 제공하면서 이용률이 계속 올라갔지. 또 SNS 해시태그를 모아 분석하는 플랫폼이 등장해 사람들이 어떤 주제에 관심을 갖는지도 쉽게 알 수 있어.

실제로 우리나라에서는 빅데이터를 다루는 기술이 점점 좋아지고 있어. 그래서 회사들이 데이터를 더 잘 활용할 수 있는 프로그램과 서비스를 많이 쓰게 된 거야. 또 회사에서 직원들이 데이터를 더 적극적으로 쓰도록 도와주는 분위기도 있지. 이런 노력 덕분에 빅데이터는 이제 우리 생활 속에 당연한 기술로 자리 잡고 있어.

하지만 빅데이터가 장점만 있는 건 아니야. 개인정보가 유출될 수 있고, 분석 결과가 편향될 수도 있어. 예를 들어, 특정 상품만 선호하도록 강조하는 광고가 계속 뜬다면 여러분의 선택이 제한될 수도 있지. 그

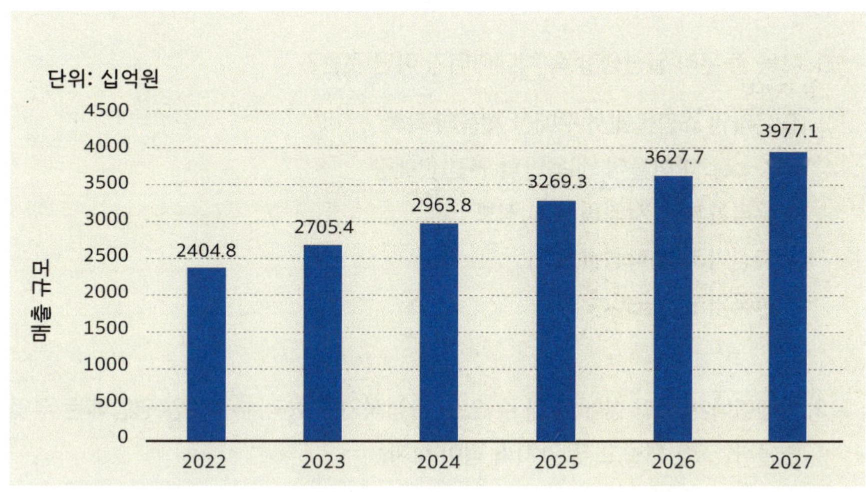

↑ 국내 빅데이터 및 분석도구 시장 전망 2022~2027 (한국 IDC)

래서 빅데이터를 쓸 때는 편리함과 개인정보 보호라는 두 가지를 함께 생각해야 해.

빅데이터는 잘 활용하면 우리의 생활을 더 안전하고 편리하게 바꿔 주는 도구야. 하지만 동시에 책임감 있게 관리해야 하는 자원이기도 해. 앞으로 빅데이터는 점점 더 커지고, 우리 삶 속에서 더 많은 영향을 줄 거야. 그래서 빅데이터를 똑똑하고 윤리적으로 활용하는 태도가 꼭 필요해.

1. 다음 중 우리 일상생활 속 빅데이터가 아닌 것은?

   ① 온라인 쇼핑몰에서 구매한 제품의 목록
   ② K-pop 아이돌이 낸 음반의 연간 판매량
   ③ 우리가 사는 지역의 날씨 정보
   ④ 자신이 직접 작성한 일기
   ⑤ 한국의 연평균 강수량

2. 빅데이터가 우리 삶에 미칠 수 있는 긍정적인 영향과 부정적인 영향에는 무엇이 있을까? 고민해보고 두 가지씩 적어 보자.

3. 빅데이터 시대를 살아가는 우리가 필수로 갖추어야 하는 능력은 무엇일까? 생각해 보고 두 가지를 이유와 함께 적어 보자.

4. 사람들의 성격을 빅데이터로 분석하여 유형화한 MBTI는 2020년대 들어 MZ세대를 중심으로 큰 유행을 하고, 자기 이해와 소통의 도구로 자리 잡았어. 이렇게 빅데이터에 기반한 MBTI로 사람들의 성격을 인식할 때의 장점과 유의해야 할 점은 무엇일지 간략히 적어 보자.

더 알고 싶어 119　　　　　📖 도서　▷ 영상　🔍 사이트

▷ **일상 속에 숨은 빅데이터 (MBC entertainment)**
우리가 모르는 사이 생성되는 다양한 빅데이터 사례를 재미있게 소개한 방송 프로그램이야. 유튜브 시청 기록, SNS 좋아요 같은 것들이 모두 데이터가 돼. 생활 속 데이터를 찾아보고 싶다면 봐.

AI 선생님이 수업하면?

데이터로 여는 맞춤형 교육

선생님들이 출석이나 성적, 수업참여도 등을 꼼꼼히 기록하는 거 알고 있어?
이 데이터를 잘 분석하면 학생들의 학습 패턴이나 문제점, 잠재력 같은 것을 알 수 있어.
선생님들은 이런 정보를 활용해 더 알맞은 수업을 만들고 학교 운영에도 도움을 받을 수 있지.
오늘은 이렇게 교육 현장에서 쓰이는 빅데이터의 모습을 함께 살펴보자.

학습 키워드 #인공지능 #데이터 #빅데이터 #학습관리시스템 #LMS
교과 연계 중2 › 1학기 › 정보 › Ⅱ-2 자료와 정보의 분석

빅데이터는 교육 분야에서도 큰 역할을 해. 학생들의 성적, 출석, 과제 제출 같은 기록이 모이면 학습 패턴과 강점, 약점을 파악할 수 있거든. 이런 정보로 선생님들은 학생 한 명 한 명에게 맞는 수업 자료를 제공하거나 공부 방법을 알려줄 수 있어. 또 학교는 이 데이터를 활용해 진로 상담이나 적성 개발에도 도움을 줄 수 있지.

교육 분야에서 빅데이터를 다루는 방법

교육 분야에서 빅데이터를 다루는 대표적인 방법은 두 가지야. 바로 '교육 데이터 마이닝Education Data Mining'과 '학습 분석Learning Analytics' 이야. 이 두 가지는 서로 직접적으로 관련이 있어. 교육 데이터 마이닝은 학생들이 수업을 듣고, 숙제를 하고, 시험을 치르면서 생기는 다양한

학습 데이터를 모아 분석하는 거야. 학습 분석은 이런 데이터를 더 깊이 살펴 학생들의 학습 습관이나 어려움을 발견해 주는 방법이지. 예를 들어 어떤 학생이 숙제를 제출하는 시간이나 시험 준비 과정을 분석해서 더 효과적인 공부 습관을 만들어줄 수 있어. 이렇게 교육 데이터 마이닝과 학습 분석은 학생의 학습을 돕고, 더 나은 교육 환경을 만드는 데 큰 도움이 돼.

하지만 이 과정에서 개인정보 보호는 꼭 필요해. 학생들의 데이터가 외부로 새어나가면 안 되니까, 데이터를 안전하게 관리하고 윤리적으로 사용하는 게 중요하지.

학습관리시스템(LMS)의 활용

최근에는 학습관리시스템LMS이 많이 활용되고 있어. 학습관리시스템은 학생과 선생님이 함께 쓰는 온라인 시스템인데, 숙제 제출, 시험 점수 확인, 공부 계획 세우기 같은 기능을 지원해. 선생님은 학생들의 진도

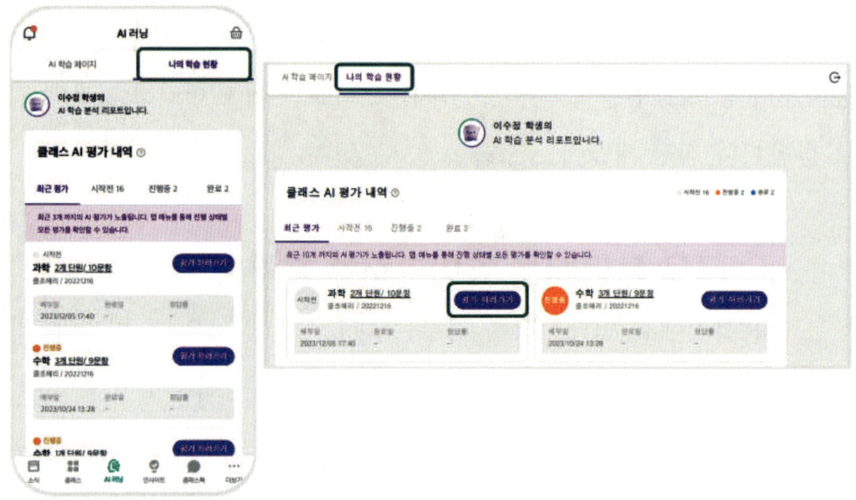

↑ 학습관리시스템(LMS)의 활용 사례 (Classting Help center)

를 쉽게 파악할 수 있고, 학생은 스스로 공부 상황을 관리할 수 있지. 예를 들어 선생님께서 숙제 일정을 시스템에 등록하면 학생이 그 일정을 확인할 수 있고, 숙제를 제출했다는 것도 선생님께서 바로 알 수 있어. 시험 점수나 학기 성적도 언제든지 확인할 수 있지. 컴퓨터나 스마트폰 앱으로 사용할 수 있고, 메시지 기능까지 있어 서로 소통하기도 편해졌어. 학습관리시스템은 우리가 공부하는 데 중요한 역할을 하고 효과적으로 공부하는 데 도움을 줘.

빅데이터는 학생과 선생님 모두에게 새로운 기회를 열어주고 있어. 앞으로 교육과 빅데이터의 연결은 더 강해질 거야. 그래서 우리도 데이터가 교육을 어떻게 바꾸는지 관심을 가지고 지켜보자.

1. 다음 중 빅데이터를 활용해 학생이 공부하고 성장하는 과정을 관리하고 도와주는 시스템을 지칭하는 표현은?

① 디지털학습플랫폼(Digital Learning Platform)
② 학습경험관리시스템(LXMS, Learning Experience Management System)
③ 교육정보시스템(EIS, Education Information System)
④ 학습관리시스템(Learning Management System)
⑤ 학습관리포털(Learning Management Portal)

2. 여러분이 선생님이 된다면 학생들의 학습 데이터를 어떻게 활용하고 싶어? 그렇게 활용하면 어떤 점이 도움이 될까?

3. 빅데이터를 진로를 결정하는 데 어떤 방식으로 활용할 수 있을까? 그리고 우리는 어떤 점에서 도움을 받을 수 있을까?

4. 빅데이터를 활용해 공부해 본 경험이 있니? 있다면 구체적인 사례를 적어 보고 없다면 어떤 도움을 받고 싶은지 적어 보자.

더 알고 싶어 119

📖 도서　▷ 영상　🔍 사이트

📖 『빅데이터와 교육』, (천종필·김나리 외 2명, 커뮤니케이션북스, 2022)
빅데이터가 교육 분야에 어떻게 활용되고 있는지 사례 중심으로 설명한 전문 서적이야. 맞춤형 교육, 학습 분석 등 구체적인 활용 방법을 알 수 있어. 교육에 관심 있다면 읽어봐.

▷ 빅데이터, AI 미래교육을 바꾼다 (캐내네 스피치)
데이터 기반 맞춤형 교육의 미래를 전망하는 교육 전문가의 강연이야. 앞으로 학교가 어떻게 변할지 알 수 있어. 미래 교육이 궁금하다면 꼭 봐.

🔍 빅데이터를 활용한 학교 교육 (에듀프레스, 장재훈)
실제 학교 현장에서 빅데이터를 어떻게 활용할 수 있는지 구체적인 방법을 제시한 교육 칼럼이야. 선생님들이 어떻게 데이터를 쓰는지 알 수 있어. 교육 혁신에 관심 있다면 읽어봐.

데이터가
세상을 지배한다면?

데이터로 여는 미래

스마트폰으로 검색을 하거나 영상을 보는 것도 모두 빅데이터의 일부야.
코로나19 때도 감염자 동선 추적이나 백신 접종 계획에 빅데이터가 쓰였지.
이렇게 빅데이터는 모여서 새로운 서비스와 기술을 만들어 내는 데 활용되고 있어.
그렇다면 미래 사회에서는 빅데이터가 어떤 모습으로 나타날까?.

학습 키워드 #인공지능 #데이터 #빅데이터 #미래사회
교과 연계 중2 >1학기 > 정보 > I -1 정보사회

최근 빅데이터에 대한 관심이 아주 커지고 있어. 빅데이터는 사람들이 남기는 수많은 데이터를 모아 분석해 새로운 서비스를 만들어내는 기술이야. 스마트폰, SNS, 온라인 쇼핑 같은 활동에서 생겨나는 데이터가 엄청나게 많아졌거든. 이 데이터들을 모아 분석하면 교통 혼잡을 줄이고, 소비자의 취향에 맞는 상품을 추천하고, 질병을 예방하는 데까지 쓸 수 있어.

빅데이터의 활용 분야

빅데이터가 점점 더 많이 활용되면서 앞으로 더 많은 분야에서 중요한 역할을 하게 될 거라고 예상되고 있어. 일상생활뿐 아니라 사회 전반에도 빅데이터가 미치는 영향력이 커지고 있지. 그래서 빅데이터를 어떻게 활용하고 관리해야 할지 논의도 활발하게 이루어지고 있어.

기업들은 빅데이터를 분석해서 소비자들의 취향을 파악하고 맞춤형 마케팅 전략을 만들고 있어. 정부도 행정과 정책에 빅데이터를 활용해. 예를 들어 행정안전부는 '범정부 데이터 분석시스템'을 만들어 중앙부처와 자치 단체, 공공 기관이 함께 데이터를 활용할 수 있도록 했어. 또 재난 상황에서 데이터를 모아 국민의 안전을 지키는 서비스도 하고 있지.

하지만 빅데이터가 주는 이점만 있는 건 아니야. 개인정보가 무분별하게 수집되면 사생활이 침해될 수 있거든. 그래서 요즘에는 '빅데이터 윤리'라는 개념도 등장했어. 이는 데이터를 어떻게 저장하고, 활용하고, 공유할지에 대한 규칙과 기준을 세우는 거야. 단순히 기술이 아니라 사람들의 권리와 안전도 함께 지켜야 한다는 의미지.

빅데이터의 미래

미래 사회에서는 빅데이터는 의료, 교육, 교통 같은 여러 분야에서 더 넓게 쓰일 거야. 병을 빨리 진단하거나 학생들에게 맞춤형 학습을 제공하는 것도 가능하지. 하지만 동시에 데이터 독점이나 알고리즘 차별 같은 문제도 생길 수 있어. 예를 들어 특정 집단의 데이터가 반영되지 않으면 서비스가 불공정해질 수도 있지. 이미 해외에서는 이런 문제를 해결하기 위해 다양한 시도가 이어지고 있어. 어떤 창업자들은 특정 인종이나 문화의 경험을 반영하는 인공지능 모델을 개발하고 있거든. 이건 단순히 데이터 양을 늘리는 것에서 벗어나 데이터의 질과 다양성도 중요하다는 걸 보여줘. 결국 빅데이터의 미래는 우리 사회가 어떤 기준을 세우고 어떻게 활용할지에 달려 있어. 데이터를 올바르게 쓰면서도 개인정보와 윤리를 지킬 수 있다면 빅데이터는 미래 사회를 더 나은 방향으로 이끌 수 있을 거야.

1. 다음 중 미래사회에서 빅데이터 활용 시 유의사항으로 옳지 않은 것은?

   ① 개인정보 동의 절차 강화   ② 데이터 활용 내역 전면 공개
   ③ 데이터의 익명화 및 암호화   ④ 데이터의 생성 과정 감독 절차 강화
   ⑤ 데이터의 생성 결과 분석 및 피드백 강화

2. 빅데이터를 통해 어떤 사회 문제들을 해결할 수 있을지 두 가지를 생각해 보자.

   ----

3. 빅데이터 시대에 우리가 갖추어야 할 역량은 무엇일까? 빅데이터 시대에 필요한
   역량 두 가지를 적어 보자.

   ----

4. 빅데이터 활용과 관련한 윤리적 문제는 어떤 것들이 있을까? 본문을 참고해서 나
   의 생각을 써 보자.

더 알고 싶어 119

📖 도서   ▷ 영상   🔍 사이트

▷ **빅데이터 전문가가 꼽은 미래를 이끌 키워드는? (JTBC 차이나는 클라스)**
빅데이터로 인해 불확실한 미래사회를 조금 더 잘 대응할 수 있게 되었지. 이러한 빅데이터를 다루는 전
문가는 미래를 이끌 키워드로 무엇을 꼽았을까? 영상을 시청하고 핵심 내용을 한 줄로 정리해 보자.

🔍 **공공 빅데이터 활용 행정 효율과 창업 기회 넓힌다 (K스피릿, 설성현)**
빅데이터도 어떤 기관에서 사용하느냐에 따라 방향성이 달라지지. 공공 빅데이터는 어떻게
행정의 효율성 향상과 창업 기회보장에 기여하고 있을까? 미래 사회가 궁금한 친구들이라
면 꼭 시청해봐.

🔍 **빅데이터 윤리란 무엇인가? (AI Times, 소윤서)**
인공지능을 연구할 때 인공지능 윤리가 필요하듯이, 빅데이터를 다룰 때도
윤리적인 인식과 태도가 반드시 필요해. 빅데이터 윤리의 핵심 내용을 3가지
로 정리해 보자.

데이터로 세상을 읽는 사람, 빅데이터 분석가

최근 유튜브에서 동영상을 보면 '추천 동영상'이 신기하게도 내가 좋아할 만한 영상들로 가득하지? 넷플릭스에서도 내 취향에 맞게 추천이 뜨고 온라인 쇼핑몰에서는 내가 사려고 생각했던 상품이 광고로 뜨기도 해. 이 모든 게 우연의 일치일까? 아니야. 바로 빅데이터 분석가들이 우리의 디지털 발자국을 분석해서 만들어 낸 결과야.

그러면 이러한 데이터 마법을 부리는 빅데이터 분석가는 무슨 일을 할까? 쉽게 말하면, '엄청난 양의 정보를 모으고(수집) → 규칙을 찾아내고(분석) → 미래를 예측하는(예측) 디지털 탐정'이야. 대표적인 일을 묶어 보면 아래처럼 설명할 수 있어.

빅데이터 분석가가 하는 일

- **데이터 수집·정리**Data Collection: 웹사이트, 앱, SNS에서 나오는 정보들을 모으고 분석할 수 있게 깔끔하게 정리해. 파이썬이나 R 같은 프로그래밍 언어를 사용하지.
- **패턴 발견**Pattern Analysis: "10대들은 주로 언제 온라인 쇼핑을 할까?", "비 오는 날엔 어떤 음식 주문이 늘어날까?" 같은 숨겨진 규칙을 찾아내는 거야.
- **예측 모델링**Predictive Modeling: 과거 데이터를 바탕으로 앞으로 일어날 일을 예측해. 머신러닝과 통계학을 활용하지.
- **데이터 시각화**Data Visualization: 복잡한 분석 결과를 그래프, 차트, 대시보드로 만들어서 누구나 쉽게 이해할 수 있게 해. 태블로Tableau나 파워 BI 같은 도구를 써.

그럼 빅데이터 분석가의 하루 일과 예시를 한 번 들여다 볼까? 아침에는 팀 미팅으로 어제 분석한 고객 데이터 결과를 공유해. 오전에는 새로 들어온 판매 데이터를 정리하고, SQL로 필요한 정보를 뽑아내지. 점심 뒤에는 파이썬으로 고객들의 구매 패턴을 분석하고 "다음 주에 어떤 상품이 인기가 될까?"를 예측하는 모델을 만들어. 오후에는 분석 결과를 차트로 만들어서 마케팅팀에게 발표 자료를 전달하고 내일 진행할 새로운 분석 프로젝트를 계획하지.

빅데이터 분석가는 단순히 'IT 회사'에만 근무하는 것은 아니야. 은행, 카드 회사, 병원, 정부 기관, 제조업체, 게임 회사 등 데이터가 있는 모든 곳에서 근무하지. 이러한 경향은 앞으로 디지털 전환이 가속화됨에 따라 더욱 확대될 전망이야.

그렇다면 빅데이터 분석가가 되기 위해서 무엇을 공부하면 좋을까? 핵심적으로 공부해야 할 과목은 수학(통계학, 확률 등), 정보(파이썬, SQL 코딩 등), 사회(사람들의 행동 패턴 이해)야. 여기에 작은 데이터 분석 프로젝트를 실행해 보고 학교에서 진행하는 통계 동아리나 코딩 동아리에 참여하며 하나씩 데이터 분석에 대한 감을 잡아가는 게 좋아. 대학에서는 '통계학과', '데이터사이언스학과', '컴퓨터공학과' 등에서 데이터 분석을 공부해. 자, 그럼 내가 빅데이터 분석가와 맞는지를 함께 점검해 보고 바로 시작할 수 있는 간단한 4주 플랜을 실천해 보자.

빅데이터 분석가, 나랑 맞을까? 체크리스트

☐ 숫자나 통계를 보면서 "왜 이럴까?"라는 생각이 자주 들어.

☐ 퍼즐이나 추리 게임을 좋아하고, 패턴을 찾는 걸 재미있어 해.

☐ 엑셀로 표를 만들거나 그래프 그리는 게 어렵지 않아.

☐ 사람들이 왜 이런 행동을 하는지 궁금해하는 편이야.

☐ 복잡한 문제를 단계별로 나누어 해결하는 걸 좋아해.

(이 중 3개 이상이면 빅데이터 분석가와 비교적 잘 맞는 편이라고 할 수 있어.)

지금 바로 시작! 4주 실천 플랜

- **1주차**: 엑셀로 우리 반 친구들 설문조사 데이터 만들어 보기. 좋아하는 음식, 취미, 용돈 등을 조사해서 막대그래프, 원그래프로 시각화해 봐.
  - 추천 유튜브: 컴퓨터 프로그램 엑셀 기초 배우기
- **2주차**: 파이썬 설치하고 간단한 계산해 보기. "우리 학교 급식 메뉴 중 가장 인기 있는 메뉴는?" 같은 질문을 파이썬으로 분석해 봐.
- **3주차**: 공공데이터포털(data.go.kr)에서 우리 지역 날씨 데이터나 인구 데이터를 다운받아서 간단히 분석해 봐. "우리 동네에는 몇 살 사람들이 가장 많이 살까?"를 그래프로 만들어 봐.
- **4주차**: 분석 결과를 친구들에게 발표해 보자. 파워포인트로 정리해서 '데이터로 알아본 우리 반의 특징' 같은 제목으로 발표해 봐. 잘 했다면 해당 내용을 포트폴리오로 정리해두고 더 재미있는 데이터들을 찾아보자.

3부
AI가 바꾸는
미래 세상

숙제도 대신해 주는 로봇?

인공지능과 자동화의 일상화

병원에서 인공지능 의사가 진단하고 신문사에서 인공지능 기자가 기사를 쓰는 시대가 되었어. 인공지능이 만든 결과물은 사람이 만든 것과 구별하기 어려울 만큼 완성도가 높지. 이런 발전은 편리함을 주지만 동시에 사람들의 일자리가 줄어들 수 있다는 걱정도 커지고 있어. 인공지능이 가져올 자동화의 세상을 우리는 어떻게 바라봐야 할까?

학습 키워드 #인공지능 #데이터 #빅데이터 #미래사회
교과 연계 중2 >1학기 > 정보 > I -1 정보사회

↑ 자율주행 자동차

요즘 주변에서 인공지능을 활용한 기술이 점점 늘어나고 있어. 스마트폰 음성 인식, 자율주행 자동차, 로봇청소기 같은 것들이 대표적인 예지. 예전에는 사람이 직접 해야 했던 일들을 인공지능이 대신해 주면서 생활이 훨씬 편리해졌어. 이런 기술의 발전은 우리에게 편리함도 주지만 걱정도 들게 해. 나중에 우리 일자리를 다 빼앗지는 않을지 살펴보자.

일상적인 작업 중 자동화의 대표적인 사례가 바로 글쓰기인데, 글쓰기 분야에서도 인공지능의 자동화가 시작됐어. 오타나 맞춤법 오류를 고쳐주는 프로그램부터, 아예 기사를 작성하는 인공지능까지 등장했지. 이스라엘의 '화이트스모크'라는 회사는 문장의 오류를 찾아내고 고쳐 주는 앱을 만들었는데, 맞춤법, 문법 검사뿐 아니라 말투까지 자연스럽게 바꿔 준대. 미국의 광고 대행사에서는 인공지능이 사람의 언어를 이해하고, 데이터를 마치 이야기처럼 풀어내는 기술을 활용하기도 했어.

또 인공지능은 복잡한 업무를 자동화하고 있어. 병원에서 환자를 진찰하거나, 변호사가 법률 문서를 쓰는 일, 기자가 기사를 작성하는 일까지 인공지능이 참여하고 있지. 이렇게 전문적인 분야에서도 자동화가 늘어나고 있는 거야.

하지만 인공지능이 모든 일을 다 할 수 있는 건 아니야. 단순하고 반복적인 업무는 인공지능이 잘하지만, 창의성이나 공감 능력이 필요한 일은 아직 사람이 더 잘해. 예술, 디자인, 연구·개발 같은 분야나 사람을 직접 만나 돌봐주는 서비스 같은 일은 여전히 사람이 필요하지. 윤리적인 판단이나 복잡한 의사결정도 인공지능이 완전히 대신하기는 어려워.

그래서 전문가들은 앞으로 사람이 인공지능과 협력하는 방식이 늘어날 거라고 해. 인공지능은 반복적인 일을 맡고, 사람은 창의성과 판단력을 발휘하는 식이지. 그렇게 되면 완전히 새로운 직업도 생길 수 있을 거야.

결국 인공지능은 사람을 완전히 대신하는 게 아니라, 서로를 보완하는 관계가 될 가능성이 커. 자동화가 늘어나면서 우리 삶은 더 편리해지겠지만, 동시에 새로운 고민과 준비도 필요해.

1. 다음 중 인공지능이 대체할 수 있는 일상적 작업의 자동화 사례가 아닌 것은?

① 기사 작성 　　　　　　　　 ② 법률 문서 작성

③ 환자 진찰 및 처방전 작성 　　 ④ 스포츠 데이터 종합

⑤ 일생에서 중요한 결정을 내리는 경우

2. 인공지능이 일상적인 작업을 자동화하면 우리 생활에 어떤 변화가 생길 수 있을지 예상해 보고 그 이유를 말해 보자.

3. 인공지능이 일상적인 작업을 자동화하면서 생기는 문제점은 무엇일까? 그 문제를 해결하려면 어떻게 해야 할까?

4. 인공지능이 일상적인 작업을 자동화하면 어떤 직업이 새롭게 생길까? 새롭게 생긴 직업들의 특징은 무엇일까?

더 알고 싶어 119

📖 도서　　▶ 영상　　🔍 사이트

▶ **AI, 10년 안에 일자리 80% 대체 가능 (SBS 뉴스)**
인공지능이 우리 삶의 근간인 직업을 80%이상 대체하게 된다는 기사야. 어떤 직업이 사라지고, 어떤 직업이 살아남으며, 어떤 직업이 새로 생겨날까? 여러분들의 진로 선택을 위해서라도 꼭 한 번 살펴봤으면 좋겠어.

🔍 **AI 혁명, 작가가 필요없는 세상이 온다? (AI Times, 소윤서)**
생성형 인공지능의 효율성, 효과성 향상으로 예술인들이 큰 위협을 받고 있어. 인공지능의 발전으로 예술인들은 사라지게 될까? 내용을 파악해 보고 생각을 정리해 봐.

의사 선생님, AI랑 팀플 중!

인공지능과 의료 혁신

병원에서 인공지능 의사가 불치병 진단과 치료를 돕는 시대가 왔어.
암세포를 찾아내거나 치료 계획을 세워 의사의 정확한 진료를 돕고 있지.
이처럼 인공지능 의료 기술은 앞으로 우리 삶을 크게 바꿀 거야.
그렇다면 이 기술이 미래에 어떤 영향을 미치게 될까? 함께 고민해 보자.

학습 키워드 #인공지능 #데이터 #빅데이터 #미래사회
교과 연계 중2 〉 1학기 〉 정보 〉 I -1 정보사회

인공지능이 큰 성과를 내고 있는 분야 가운데 하나가 바로 의료야. 과거에는 불가능하다고 생각했던 질병 예측, 맞춤형 치료, 신약 개발 같은 일들이 인공지능 덕분에 가능해지고 있지. 이러한 인공지능의 발전은 우리나라 의료 환경과 미래 의료 분야에 어떤 영향을 미치게 될까?

2021년 4차산업혁명위원회가 발표한 인공지능 대중화가 먼저 이뤄져야 할 분야 인식조사에 병원·의료·헬스케어 분야가 62.1%로 1위를 차지했어. 인공지능을 의료 분야에 적용한 대표적 사례가 IBM이 만든 '왓슨Watson'이야. 왓슨은 환자의 증상을 입력하면 수많은 임상 사례와 의학 자료를 분석해 적절한 치료법을 제안해 줘. 이건 결국 빅데이터의 힘을 활용하는 거야. 이런 수준 높은 의료 인공지능 시스템을 구축하려면 환자 진단 기록 정보를 통합하고 의료 데이터를 모으는 과정이 필요해. 하

인공지능의 의료 분야 도입 시 발생하는 윤리문제

분류(영역)	발생 가능한 윤리 문제	윤리 요소
의사결정 판단	• 진단 및 예측의 오진(편향된 알고리즘 기반의 판단, 오진 시 책임소재의 불명확성) • 질병에 대한 정보 제공의 오류 혹은 불충분으로 치료 시기 지연	신뢰성 투명성 비례성 책무성 자율성 포괄성
관리 및 보완	• 개인정보 문제(데이터의 소유권 소재, 노출 시 책임 소재 및 조치 방안 유전자 정보 연계로 인한 2차 피해 양산 및 사회적 낙인 등) • 데이터 접근의 권한 문제 • 알고리즘의 편향성(데이터 수집 및 관리의 명확성 필요, 데이터 출처의 정확성 등) • 이익 발생시 이익 분배의 적절성	

보건산업진흥원, 『보건산업정책연구』, 2024

지만 의료 데이터는 개인의 민감 정보이기 때문에 함부로 모을 수 없어서 정부와 기업, 지방자체단체가 함께 해결 방안을 찾고 있어.

의료 분야에 인공지능이 도입되면 미래에 어떤 영향을 미치게 될까? 먼저 의료 서비스의 효율성과 질이 올라갈 거야. 인공지능 기술이 병원에 도입되면 진단이 더 빨라지고 정확해져. 의료 영상 분석이나 로봇 수술 시스템 덕분에 진료 안전성도 높아지고 있지. 또 불필요한 검사를 줄이거나 개인 맞춤형 치료를 가능하게 해서 의료 비용 절감에도 도움이 돼. 심지어 환자의 유전자 정보를 바탕으로 질병을 미리 예측하거나 조기에 발견할 수도 있어.

또 의료 인력 부족 문제도 인공지능은 도움을 줄 수 있어. 예를 들어 행정 업무나 단순 반복적인 진단 과정을 인공지능이 맡으면, 의료진은 환자 돌봄에 더 집중할 수 있거든. 이건 의료진의 피로도를 줄이고 서비스의 질을 높이는 효과가 있지.

하지만 해결해야 할 문제도 많아. 의료 사고가 생겼을 때 책임이 누구에게 있는지 명확하지 않다는 점이야. 인공지능을 개발한 사람, 데이터를 관리한 사람, 의사, 병원 모두가 연관돼 있어서 책임 소재가 복잡해져. 게다가 인공지능이 결론을 내리는 과정이 블랙박스처럼 불투명해서 왜 그런 결과가 나왔는지 알기 어려운 경우도 있어. 이건 환자 안전에 직접적인 영향을 줄 수 있는 중요한 문제야.

결국 인공지능은 의료 서비스를 크게 발전시킬 수 있는 도구이지만 동시에 신뢰와 책임 문제도 함께 해결해야 해. 법적인 규정과 협력 체계를 잘 마련해야 인공지능 의료가 더 안전하고 믿을 수 있는 시스템으로 자리 잡을 수 있을 거야.

1. 의료 서비스 분야에서 인공지능을 도입하는 데 해결해야 하는 과제가 아닌 것은?

    ① 정부의 지속적인 투자와 정책적인 규정 마련
    ② 의사들의 적극적인 수용과 효율적인 이용 방법 마련
    ③ 인공지능 관련 학과를 전공한 환자들을 우선적으로 수용
    ④ 데이터 보안과 인공지능 활용 의료 윤리 기준 마련
    ⑤ 기술적 결함이나 오류를 최소화할 수 있는 기술적인 혁신

2. 인공지능 의료 서비스의 장점과 단점은 무엇일까? 각각 두 가지씩 적고 설명해 보자.

3. 인공지능 기술이 발전하면 의사들의 역할이 어떻게 변화할 것 같은지 그렇게 생각
   하는 이유와 함께 말해 보자.

4. 인공지능 의료 서비스가 발전하려면 어떤 노력이 필요할까? 정부, 의료진, 기업이
   각각 해야할 노력을 생각해 보자.

더 알고 싶어 119

📖 도서   ▷ 영상   🔍 사이트

▷ **의료계로 확산되는 인공지능 기술 (YTN 사이언스)**
AI가 질병 진단부터 신약 개발까지 의료 분야를 어떻게 혁신하고 있는지 보여주는 과학 다
큐멘터리야. 병원에서 실제로 쓰이는 AI 기술을 볼 수 있어. 의학에 관심 있다면 꼭 봐.

🔍 **인공지능, 한국 의료 환경의 미래를 여는 열쇠 (의학신문)**
국내 병원에서 도입 중인 AI 의료 시스템의 현황과 전망을 다룬 의료 전문 기사야. 한국 의
료가 어떻게 발전하고 있는지 알 수 있어. 의사가 꿈이라면 읽어봐.

🔍 「**인공지능과 의료 서비스가 만나다 (ETRI 웹진)**
한국전자통신연구원이 개발 중인 AI 의료 기술을 소개하는 연구소 웹진 기사
야. 최첨단 연구 내용을 알 수 있어. 연구자가 되고 싶다면 참고해 봐.

AI가 관리하는 미래 도시

AI와 함께 만드는 미래 도시

스웨덴의 한 도시는 인공지능을 이용해 범죄를 예방하고 있어. CCTV가 위험 지역을 분석해 경찰의 빠른 대응을 도왔고 그 결과 범죄율이 크게 줄었지. 또 다른 도시는 인공지능으로 교통 체증을 해결해 시민들의 출퇴근 시간을 줄였어. 이처럼 인공지능은 도시를 더 안전하고 편리하게 바꾸고 있어. 인공지능이 만드는 스마트 도시는 어떤 모습일까?

학습 키워드　#인공지능 #빅데이터 #인공지능 #스마트도시
교과 연계　중2 〉 1학기 〉 정보 〉 Ⅰ-1 정보사회

중국 광둥성의 선전시는 인공지능이 도시의 에너지 사용을 최적으로 만들고, 쓰레기 수거에도 도움을 주고 있어. 이렇게 인공지능은 이제 도시와 국가 운영의 생산성·편리성·효율성을 높이기 위해 사용되고 있어. 인공지능, 센서, 데이터 분석 같은 첨단 기술을 활용해 도시 문제를 해결하고 시민들의 생활을 더 편리하게 만드는 도시를 '스마트 도시'라고 하는데, 단순히 편리한 기술이 모인 곳이 아니라 교통·안전·환경·복지 같은 다양한 문제를 함께 해결하려는 미래형 도시 모델이지.

스마트도시의 10가지 특징

1. 첨단 기술 활용: 센서와 데이터 분석으로 도시 문제를 해결해.

2. 스마트 교통: 실시간 정보와 자율주행차 도입으로 교통 체증을 줄여.

우리나라에서도 이런 시도가 이루어지고 있어. 서울시는 질 높은 행정 서비스와 시민 정책 확대를 위해 'AI 행정 추진계획'을 발표하고 인공지능 기반 서비스 38개를 진행 중이야. 예를 들어 '스마트 안부 확인 서비스', 'AI 산불 감시 시스템' 같은 것들이 있어. 앞으로는 챗봇, 불법 콘텐츠 탐지, 패턴 인식 등 더 다양한 기술이 행정 서비스에 활용될 거야. 서울시는 시민 행정 편의와 안전망 강화는 물론 도시의 미래 경쟁력도 확보하겠다고 강조했어.

↑ 스마트 도시 가상 구조도 (정보통신신문)

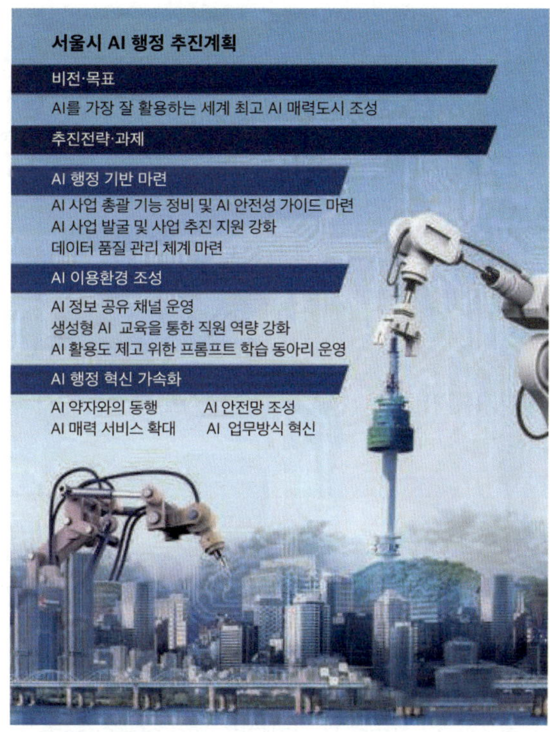

⬆ 서울시 AI 행정 추진계획 (전자신문)

해외 사례로는 싱가포르가 있어. 싱가포르는 센서와 데이터 분석으로 교통·에너지·수자원을 관리하고 있어. 자율주행 버스, 전기차 충전소를 만들고, 인공지능으로 물 재활용 시스템을 운영해서 물 부족 문제도 해결하고 녹지 공간도 늘렸어. 덕분에 환경 오염 문제를 줄이고 기후위기에도 대응하고 있대.

스마트 도시는 단순히 기술의 발전이 아니라, 시민들이 더 안전하고 편리하게 살 수 있는 미래 기반을 만드는 과정이야. 앞으로 세계의 더 많은 도시가 이런 스마트 도시로 발전할 거고, 우리도 그 과정에서 문제점과 장점을 함께 살피며 꾸준히 관심을 가져야 해.

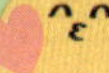

1. 스마트 도시의 대표적인 특징으로 옳지 않은 것은?

　① 첨단 기술의 활용과 스마트 교통
　② 시민들의 안전 강화와 환경 보호
　③ 경제 성장과 시민 복지 강화
　④ 연결성 강화를 통한 의도적인 시민 통제
　⑤ 데이터 기반의 의사결정과 지속가능성

2. 도시에서 인공지능 기술의 발전이 가져오는 사회적 영향에 대해 의견을 말해 보자.

3. 스마트 도시를 만드는 과정에서 시민들이 어떤 역할을 할 수 있는지 구체적인 예시를 들어 설명해 보자.

더 알고 싶어 119　　📋 도서　▶ 영상　🔍 사이트

▶ **무엇이 '스마트 도시'인가? 그리고 도시는 미래를 어떻게 준비하는가? (KBS 지식)**
스마트 시티의 개념과 구성 요소를 쉽게 설명한 방송 교양 프로그램이야. 교통, 에너지, 안전 등 다양한 분야에서 AI가 어떻게 쓰이는지 알 수 있어. 미래 도시가 궁금하다면 봐.

🔍 **모범 사례로 살펴본 스웨덴 스마트시티 현황 (시큐리티 월드안뉴스, 권준)**
세계적으로 앞서가는 스웨덴의 스마트 시티 사례를 현장 취재한 기사야. 해외 선진 사례를 배우면 우리 도시도 발전할 수 있어. 도시 계획에 관심 있다면 읽어 봐.

🔍 **'AI 매력도시 서울' 3년간 2064억 투입 (한국무역협회)**
서울시가 추진하는 AI 기반 스마트 시티 프로젝트의 구체적인 계획을 정리한 보고서야. 우리가 사는 도시가 어떻게 변할지 알 수 있어. 서울에 사는 친구들은 꼭 읽어 봐.

나만을 위한
1:1 AI 과외

AI가 만드는 나만의 공부법

학교에서 AI 튜터가 학생들의 실력을 진단하고 각자에게 맞는 문제를 내주고 있어.
학생들은 자기 속도에 맞춰 공부할 수 있고, 부족한 부분은 AI가 바로 피드백을 주지.
이렇게 인공지능 덕분에 학생 개개인에게 꼭 맞는 교육이 가능해지고 있는데,
그렇다면 개별 맞춤형 교육은 구체적으로 어떤 모습일까?

학습 키워드　#인공지능 #빅데이터 #인공지능 #개별화교육
교과 연계　중2 〉 2학기 〉 기술·가정 〉 Ⅴ-2 정보 통신 기술 문제 해결

　교육부는 '디지털 대전환'을 추진하며 인공지능과 빅데이터 같은 첨단 기술을 활용해 학생 개개인에게 맞는 교육을 제공하고 있어. 정부는 2023년에 '디지털 기반 교육 혁신 방안'을 발표해 조만간 중·고등학교에 AI 디지털 교과서를 도입할 계획이야. 이를 위해 교사의 역량을 키우고 학교 시설도 준비하고 있지. 특히 AI는 학생의 특성과 수준을 분석해 맞춤형 교육을 가능하게 하면서, 교육 혁신의 핵심 주제로 떠오르고 있어.

인공지능 기반의 개별 맞춤형 교육의 장점

　'인공지능AI 개별 맞춤형 교육'이 무엇인지 대표적인 특징은 무엇인지 살펴보자. 인공지능 개별 맞춤형 교육은 학생마다 다른 특성과 필요에 맞게 공부 방법을 조정하는 교육 방식을 말해. 인공지능은 이 방식을

실현하는 데 꼭 필요한 도구야.

먼저 인공지능은 학생들의 다양한 특성을 관찰하고 기록할 수 있어. 필기 습관이나 문제 풀이 과정 같은 데이터를 모아 분석해서, 교사가 놓칠 수 있는 부분까지 알려 주지. 서술형 문제 채점도 자동으로 할 수 있어 교사의 부담을 줄여 줘.

다음으로 인공지능은 이렇게 모은 데이터를 분석해 학생들의 학습 패턴을 찾아내. 어떤 과목에서 자주 어려움을 겪는지, 학습을 포기하는 경우가 언제 생기는지 예측할 수 있지. 이 덕분에 교사들은 학생을 더 잘 이해하고, 적절한 도움을 줄 수 있어.

마지막으로 인공지능은 학생에게 맞는 학습 경로를 제안할 수 있어. 기존 자료를 조합하거나 새 문제를 만들어서 개인에게 꼭 맞는 학습을 설계하는 거야. 생성형 인공지능 기술은 새로운 학습 자료까지 직접 만들어줄 수 있지. 이렇게 되면 학생들은 자기 속도와 방식에 맞는 공부를 할 수 있어.

인공지능 기반 개별 맞춤형 교육의 문제점과 개선 방안

그렇다면 인공지능 기반 맞춤형 교육에 기대감이나 장점 말고 문제점은 없을까? 물론 고민해야 할 문제도 있어.

먼저 '데이터 편향성' 문제가 있어. 데이터 편향성은 정보가 한 방향으로 치우치는 현상을 말해. 인공지능은 학습하는 데이터에 영향을 받는데, 편향된 데이터로 학습하면 일부 학생들이 불공평한 결과를 얻을 수 있어. 예를 들어 특정 계층이나 배경을 가진 학생들 데이터가 부족하면 이 학생들에게 적합한 맞춤형 교육을 제공하기 어려워져. 또 개인정보 유출 위험이 있어. 학생들의 개인정보와 학습 데이터는 민감한 정보야. 이런 데이터가 유출되거나 악용될 경우 심각한 문제가 발생할 수 있어. 이것 말고도 여러 고민이 있지만 이 문제를 적절하게 해결하려면 제도적 장치와 교육부, 교사와 학부모의 협력 그리고 사회 전체의 참여가 필요해. 장점은 살리고 단점은 줄여야만 진짜 의미있는 개별 맞춤형 교육이 가능할 거야.

↑ AI 활용 맞춤형 교육 사례 (경기도교육청)

1. 인공지능 기반 개별 맞춤형 교육이 미치는 교육적 효과로 옳지 않은 것은?

① 학생들의 특성을 파악하여 개인에게 맞춤형 교육 내용을 제공할 수 있음
② 선생님들이 수업을 준비하는 데 도움을 줄 수 있음
③ 학생들의 성적을 분석하여 더 좋은 성적을 받을 수 있게 도와줄 수 있음
④ 모든 학생들에게 똑같은 교육을 제공할 수 있음
⑤ 학습 데이터를 분석하고 이를 교육 정책에 반영할 수 있는 기반을 제공할 수 있음

2. 인공지능 기반 개별화 맞춤형 교육이란 무엇일까? 그리고 왜 이런 교육이 필요할까?

3. 개별화 맞춤형 교육에서 인공지능 활용에 대한 장·단점을 생각해 보고, 그렇게 생각한 이유를 한 가지씩 적어 보자.

4. 인공지능 기반 개별화 맞춤형 교육을 실현하려면 학교와 교사, 학생들이 어떤 노력을 해야 할까?

더 알고 싶어 119

📖 도서　▷ 영상　🔍 사이트

▷ **우리 선생님은 AI? 교육 현장 성큼 들어온 인공지능 (MBN 뉴스)**
실제 학교에서 사용되고 있는 AI 교육 도구들을 취재한 뉴스 리포트야. 어떤 학교에서 어떤 AI를 쓰는지 알 수 있어. 우리 학교에도 도입되면 좋을 것 같은 기술들이 많아.

🔍 **AI 기반 맞춤형 교육의 현황과 과제(행복한교육, 한정윤)**
개별 학생의 수준에 맞춘 AI 교육의 장점과 해결해야 할 과제를 분석한 교육 전문지 기사야. 맞춤 교육이 왜 필요한지, 어떤 문제가 있는지 알 수 있어. 교육 정책에 관심 있다면 읽어 봐.

🔍 **공교육에 에듀테크 도입… AI가 교사처럼 개인별 맞춤 학습 돕는다 (서울신문, 김지예)** 공교육에서 AI 기술을 어떻게 활용하고 있는지 현장 사례를 소개한 기사야. 선생님과 AI가 어떻게 협력하는지 볼 수 있어. 미래 학교가 궁금하다면 읽어 봐.

스스로 달리는 자동차, 안전할까?

자율주행 자동차의 상용화

우리는 매일 기술이 시시각각 발전하는 세상에 살고 있어.
그중에서도 자율주행 자동차는 우리의 일상생활에 큰 변화를 가져올 거야.
자율주행 자동차는 운전자가 직접 운전하지 않고도 스스로 목적지까지 갈 수 있는 차야.
이 기술은 앞으로 우리 생활에 어떤 영향을 줄까?

학습 키워드 #인공지능 #빅데이터 #인공지능 #자율주행자동차
교과 연계 중2 〉 2학기 〉 기술·가정 〉 Ⅴ-2 정보 통신 기술 문제 해결

최근 미국에서 구글의 자율주행 무인택시 웨이모Waymo가 역주행하다 경찰에 단속된 영상이 공개됐어. 경찰관이 멈춘 웨이모 차량에 다가가자 운전석 창문이 자동으로 내려졌어. 경찰관이 "안녕하세요"하고 인사를 건네자 회사 담당자와 통화가 연결됐고, 웨이모 측에서 해명을 했지만 경찰은 컴퓨터에 벌금을 부과할 수 없어서 추가 조치 없이 사건은 마무리 되었어. 인공지능 기술에 대한 기대가 큰 만큼, 이런 사건은 자율주행차의 안전성 논란을 더 키우고 있지. 웨이모처럼 크고 작은 문제들이 끊임없이 발생하면서 상용화에는 아직 시간이 필요하다는 의견이 많아.

미국 교통 당국은 여전히 운전자의 개입이 필요하다고 보고 있어. 이는 자율주행 단계에서 '레벨 2' 수준이라는 뜻이지. 완전한 자율주행은 '레벨 5' 단계로, 운전자가 전혀 개입하지 않아도 되는 수준을 말해.

↑ 테슬라의 자율주행 기능 풀 셀프드라이빙

테슬라 역시 자율주행 기능인 '풀 셀프 드라이빙FSD' 기능을 공개하며 발전을 이어 가고 있어. 이 기능은 신호등, 보행자, 도로 표지판까지 인식할 수 있을 정도로 정교해졌어. 그래도 미국 교통 당국은 여전히 운전자의 개입이 필요하다고 보고 있어. 현재 수준은 여전히 '레벨 2' 단계야. 완전한 자율주행, 즉 '레벨 5' 단계는 운전자가 전혀 개입하지 않아도 되는 수준을 말해.

그렇다면 자율주행 자동차가 상용화되려면 어떤 문제점들이 해결되어야 할까?

먼저, 자율주행 시스템의 센서 기술이 매우 중요해. 자율주행차에는 카메라, 레이더, 라이다LiDAR 등 다양한 센서가 있는데, 이 센서들이 정확하고 안정적으로 작동해야 하고, 갑자기 나타난 장애물도 안전하게 피할 수 있는 주행 알고리즘이 필요해. 장애물 감지나 피할 경로 계산은 복잡한 인공지능 기술이 활용되고 있지.

자율주행 기술의 단계별 분류 (EVPOST)

이것 말고도 자율주행 자동차가 상용화되려면 차량 간 통신 기술, 해킹 방지 같은 보안 문제, 사고 발생 시 책임을 어떻게 나눌지에 대한 법과 제도도 마련돼야 해.

그럼에도 불구하고 자율주행 기술은 계속 발전하고 있어. 머지않아 우리 생활 속에서도 점점 더 자주 만나게 될 거야. 자율주행차가 보편화되면 교통사고 감소, 혼잡 완화, 노약자·장애인의 이동 편의 향상 같은 긍정적인 변화도 기대돼. 결국 중요한 건 '안전'과 '신뢰'를 확보하면서 사회 전체가 새로운 기술을 받아들일 준비를 하는 거야.

1. 자율주행차의 안전성을 높이기 위해 필요한 기술이 아닌 것은?

① 사이버 보안
② 사이버 보안차량 통신 차단 기능
③ 운전자 감시 카메라
④ 자동 긴급 제동 시스템
⑤ 주행 경로 계획 알고리즘

2. 자율주행차의 상용화를 위해 필요한 법과 제도에는 무엇이 있을까? 그리고 이러한 제도가 자율주행차 보급에 어떤 영향을 미치게 될까?

3. 자율주행차의 안전성을 높이기 위해 필요한 기술들은 무엇이 있을까? 각 기술이 어떤 역할을 하는지 조사하여 간단히 정리해 보자.

4. 자율주행차의 상용화가 가져올 사회적 영향을 설명하고, 이것이 우리 생활에 어떤 변화를 가져올지 의견을 적어 보자.

더 알고 싶어 119

🔖 도서   ▷ 영상   🔍 사이트

▷ **운전석 텅 빈 택시? 국내 1호 '완전 자율주행' 시험 운행 시작 (SBS 뉴스)**
한국에서 시작된 자율주행 택시 시범 운행의 현장을 생생하게 전하는 뉴스야. 실제로 운전자 없는 차가 도로를 달리는 모습을 볼 수 있어. 자율주행에 관심 있다면 꼭 봐.

🔍 **'역주행 택시' 잡았더니 운전자 없다…자율주행차 '벌금 0원' 왜 (중앙일보, 배재성)**
자율주행차 사고 시 법적 책임 문제를 다룬 탐사 보도 기사야. 사고가 나면 누가 책임지는지, 법은 어떻게 바뀌어야 하는지 알 수 있어. 법과 윤리에 관심 있다면 읽어 봐.

🔍 **테슬라 FSD 자율주행 기능, 북미 사용자에게 전면 개방 (디지털 투데이, 추현우)** 테슬라의 완전 자율주행 기술 발전 현황을 소개하는 IT 뉴스야. 가장 앞서가는 기업의 기술을 알 수 있어. 자동차 기술에 관심 있다면 읽어 봐.

AI 농부가
농사를 지으면?

인공지능과 로봇이 만드는 스마트 농장

기후위기와 식량 문제로 농업의 미래가 걱정되는 요즘, 인공지능을 활용한 스마트 농업이
새로운 해결책으로 떠오르고 있어. 로봇과 AI가 농장을 관리하고 작물을 키우는
'스마트팜' 기술은 농업을 더 효율적이고 환경 친화적으로 바꾸고 있지.
그렇다면 미래 농업은 어떤 모습일까?

학습 키워드　#인공지능 #인공지능 #미래농업 #스마트팜 #스마트농업 #미래농업
교과 연계　중2 > 2학기 > 기술·가정 > Ⅴ-2 정보 통신 기술 문제 해결

요즘은 농업 분야에서도 인공지능이 큰 변화를 일으키고 있어. AI가 탑재된 로봇이 함께하는 스마트한 산업으로 변하고 있어. 사람들은 오래전부터 '로봇이 사람의 일을 대신 해

↑ 스마트팜(Smart farm) 기술 (한국농어촌공사)

주면 얼마나 좋을까?' 생각했는데 이제 그 꿈이 현실이 되었어.

먼저 로봇은 작물을 심고 수확하는 일부터 물·온도·빛 공급까지 자동으로 관리해. 미국의 스마트팜 기업 '플랜티Plenty'는 로봇과 인공지능

을 활용해 물 사용량을 95% 줄이고 농약을 쓰지 않으면서도 최고 품질의 농산물을 생산하고 있지. 우리나라에서도 스마트팜 기업과 정부가 협력해 디지털 농업을 확대하고 있어. 로봇과 인공지능 기술이 농업에 접목되면서 농업이 더 효율적이고 환경 친화적으로 변화하고 있어.

또 인공지능 기반 센서와 카메라는 농장의 데이터를 모아 실시간으로 분석해 농부에게 필요한 정보를 알려줘. 물과 비료의 양, 병충해 발생 시점까지 알려주니 농부들은 더 정확하게 대응할 수 있어. 파머스엣지Farmers Edge나 그린랩스Greenlabs 같은 기업들이 대표적인 사례야. 이 회사들은 센서, 위성사진, 기상정보 같은 데이터를 모아 분석해서 농부들에게 보내줘. 이렇게 최신 기술을 사용하면 농부들이 농작물과 가축을 더 잘 돌보게 돼.

특히 병충해와 잡초 문제 해결에도 인공지능이 활약하고 있어. 전 세계 농작물의 40%가 병충해로 피해를 보는데, 미국의 애그테크Agtech 기업◆들 중 카본 로보틱스Carbon Robotics라는 회사는 인공지능 레이저 제초기를 개발해 더 효과 좋고 환경에 부담이 적은 방식으로 잡초를 없애고 있어. 한국의 고고팜 같은 기업들도 예초 로봇을 개발해 작업 효율을 높이고 있어.

이렇게 스마트팜 기술은 농작물의 품질과 수확량을 높이고, 자원 절약과 환경 보호까지 가능하게 해. 앞으로 농업은 사람의 노동에만 의존하지 않고, 첨단 기술과 함께하는 지속 가능한 산업으로 발전하게 될 거야.

◆ **애그테그** '농업'을 의미하는 '애그리컬처(agriculture)'와 '기술'을 의미하는 '테크놀로지(technology)'의 합성어로, 농업 생산활동과 가공 및 유통에 이르는 농업의 전 과정에 인공지능(AI), 사물인터넷(IoT), 빅데이터, 드론 및 로봇 등 첨단 기술을 적용하여 농업을 첨단화하는 기술이나 관련 산업을 뜻해.

1. 인공지능에 기반한 미래 농업 기술의 사례로 옳지 않은 것은?

① 농작물 수확량 예측　　　　② 병충해 실시간 모니터링
③ 최적 온도의 농업 환경 자동 설정　　　　④ 농기계 자동화 및 효율화
⑤ 사람에 의한 교대식 농장 관리

2. 농장에 센서를 설치해 실시간으로 토양과 기후 데이터를 수집하면 농민들에게 어떤 점에서 도움이 될까? 농장 관리를 할 때 수집된 기후 데이터는 어떤 의사결정에 도움이 될까?

3. 인공지능을 활용해 농작물의 품종 개발과 유전자 조작이 가능해지면 이것은 농업에 어떤 영향을 줄 수 있을까? 이런 기술이 가져올 수 있는 긍정적인 효과와 부정적인 영향에 대해 자유롭게 생각해 보자.

4. 농산물의 생산, 유통, 판매 과정 전반에 걸쳐 인공지능이 활용된다면 농민들의 삶은 어떻게 변화할 수 있을까? 이런 변화가 농촌 지역사회와 소비자들에게 어떤 영향을 미칠까?

더 알고 싶어 119

📖 도서　▷ 영상　🔍 사이트

▷ **미래용어사전 #33 애그테크(Agtech) (세계미래포럼)**
농업과 기술의 결합인 '애그테크'의 개념과 사례를 미래학 관점에서 설명한 용어 해설이야.
농업의 미래가 어떻게 바뀔지 알 수 있어. 미래 산업이 궁금하다면 읽어 봐.

🔍 **흙사랑 물사랑, 농업에 쓰이는 AI 기술 (한국농어촌공사)**
스마트팜부터 농작물 질병 진단까지 농업 분야의 AI 활용 사례를 소개하는 홍보 영상이야.
농업이 첨단 산업이 되고 있다는 걸 알 수 있어. 농업에 대한 편견이 바뀔 거야.

그림 그리는 로봇, 노래 부르는 AI

예술의 경계를 넓히는 인공지능

2022년 미국의 한 그림 공모전과 2023년 세계 사진 공모전에서 인공지능으로 만든 작품이 1등을 차지하며 논란이 일었어. 사람만 할 수 있다고 여겨지던 예술 창작의 영역에 AI가 뛰어들면서 예술계는 큰 충격을 받았지. 그렇다면 인공지능이 만든 예술은 과연 우리 사회에 어떤 영향을 줄까?

학습 키워드　#인공지능 #인공지능 #인공지능 예술 #저작권
교과 연계　중2 〉 2학기 〉 기술·가정 〉 Ⅴ-2 정보 통신 기술 문제 해결

인공지능은 이제 예술의 세계에서도 빠르게 자리 잡고 있어. 예전에는 예술이라고 하면 인간의 감성과 창의력으로만 만들어진다고 생각했지. 하지만 2022년과 2023년에 인공지능이 만든 작품이 미술 대회나 사진 공모전에서 1등을 하면서 사람들에게 큰 충격을 줬어. '예술은 사람만의 영역일까?' 하는 질문이 생겨난 거야.

실제로 인공지능은 화가, 작곡가, 디자이너 같은 예술가의 역할을 조금씩 대신하거나 함께하고 있어. 예를 들어 LG의 인공지능 아티스트 '틸다'는 디자이너와 협업해서 새로운 의상 디자인을 만들었어. 또 어떤 AI는 고흐, 피카소 같은 화가의 그림 스타일을 흉내 내면서도 완전히 새로운 그림을 만들어 내지. 이런 작품들은 전시회에서 공개돼 관람객들에게 신선한 충격을 주고 있어. 서울에서 열린 인공지능 예술 전시회에서

는 AI가 만든 시와 그림이 함께 전시되었는데, 많은 사람들이 "진짜 예술 같아!"라며 놀라워했대.

음악 분야에서도 변화가 나타나고 있어. AI 작곡 프로그램은 사람의 음악 데이터를 학습해 새로운 곡을 만들어 내지. 어떤 곡은 사람 작곡가의 작품과 구분하기 어려울 정도라서, 음악계에서도 "과연 이게 진짜 예술일까?"라는 논쟁이 벌어지고 있어. 영화나 게임 분야에서도 인공지능은 배경화면, 캐릭터 디자인, 스토리 구상에 활용되면서 창작 과정을 돕고 있지.

하지만 이런 발전이 마냥 반가운 것만은 아니야. 많은 예술가들은 인공지능이 자신들의 작품을 무단으로 학습해서 사용한다고 걱정해. 저작권 문제와 관련된 갈등이 커지고 있는 거지. 또 "인공지능이 만든 것이 과연 예술일까?"라는 질문도 여전히 논란이야. 인간은 감정을 느끼고 그 감정을 작품에 담아내지만, 인공지능은 단지 데이터와 알고리즘으로 작품을 만들기 때문이지.

　그렇다고 해서 인공지능 예술이 꼭 부정적인 것만은 아니야. 예술가들은 AI를 도구이자 파트너로 활용할 수 있어. 반복적인 작업이나 자료 정리 같은 일을 AI가 대신해 주면, 예술가는 더 창의적인 작업에 집중할 수 있지. 또 새로운 표현 방법을 찾아내는 데에도 AI가 도움을 줄 수 있어. 최근에는 인공지능 작품을 NFT(대체 불가능 토큰)로 만들어 전 세계 예술 시장에서 사고팔 수 있게 되면서 예술의 영역은 디지털 세계로 확장되고 있어.

　앞으로 중요한 건 우리가 인공지능을 어떻게 받아들이느냐야. 예술가와 AI가 협력하면 새로운 형태의 작품이 탄생할 수도 있지만 동시에 인간만의 창의성과 감성이 사라지지 않도록 주의해야 해. 결국 인공지능 예술은 우리에게 "예술이란 무엇일까?"라는 질문을 다시 던져주고 있어.

1. 인공지능이 창작한 예술이 가져올 수 있는 사회적 변화로 옳은 것은?

① 모든 예술 분야에서 예술가의 일자리가 줄어든다.
② 예술가의 역할이 없어진다.
③ 예술교육의 필요성이 사라진다.
④ 인간 예술가와 인공지능 예술가의 협력이 가능해진다.
⑤ 예술가의 창의성이 감소하는 결과를 가져온다.

2. 인공지능 예술이 사회에 미치는 긍정적인 영향과 부정적인 영향을 각각 하나씩 이유와 함께 말해 보자.

3. 인공지능 예술이 발전하면 예술가의 역할은 어떻게 변화할까?

4. 인공지능이 하는 예술 활동과 인간이 하는 예술 활동의 차이점은 무엇일까? 각각의 장·단점을 비교해 보자.

더 알고 싶어 119　　　　　📖 도서　▷ 영상　🔍 사이트

▷ **창작하는 AI, 예술가는 살아남을 수 있을까? (MBC 뉴스)**
AI가 예술 창작에 참여하면서 생기는 예술가들의 고민과 변화를 다룬 시사 프로그램이야.
AI와 인간 예술가가 공존할 수 있을지 생각해볼 수 있어. 예술에 관심 있다면 봐.

🔍 **그림·사진에 영화, 음악까지…인공지능 예술계 강타 (IT 동아, 차주경)**
미술, 음악, 영화 등 다양한 예술 분야에서 활약하는 AI를 소개한 종합 기사야. AI가 만든 작품들을 직접 볼 수 있어. 예술과 기술의 만남이 궁금하다면 읽어봐.

🔍 **한국AI예술협회 '제1회 AI 아트 시화 전시회', 겨울의 사랑을 표현하다 (파이낸스 투데이, 김진선)** 국내에서 열린 AI 예술 작품 전시회를 취재한 문화 뉴스야. 실제 전시된 작품들을 사진으로 볼 수 있어. AI 예술에 관심 있다면 읽어봐.

게임, 영화, 음악을 AI가 만든다면?

AI가 만드는 새로운 즐길 거리

인공지능이 만든 노래나 영상을 본 적 있어? 요즘은 유명 가수의 목소리를 흉내 낸 커버곡이
SNS와 유튜브에서 퍼지고, 인공지능이 만든 영화와 게임도 나오고 있어.
'이게 정말 사람이 만든 걸까?'라는 생각이 들 정도로 정교하지.
그렇다면 인공지능은 엔터테인먼트 세계를 어떻게 바꾸고 있을까?

학습 키워드 #인공지능 #인공지능 #엔터테인먼트
교과 연계 중2 〉 2학기 〉 기술·가정 〉 V–2 정보 통신 기술 문제 해결

↑ 인공지능 기술을 활용해 아이유 커버곡으로 만든 밤양갱
(Spot-AI-fy)

인공지능은 지금 엔터테인먼트 산업 전체를 크게 흔들고 있어. 음악, 영화, 게임 같은 분야에서 새로운 변화를 일으키고 있지.

음악부터 살펴보자.

최근 가수 비비의 노래 '밤양갱'이 큰 인기를 끌면서 아이유·김광석·박효신 같은 유명 가수들의 목소리를 인공지능으로 재현한 커버곡이 쏟아져 나왔어. 덕분에 사람들은 색다른 즐거움을 느끼지만, 동시에 저작권 문제와 '가수의 목소리도 지켜야 하지 않을까?'라는 논란이 커지고 있어.

인공지능 음악 생성기는 누구나 손쉽게 곡을 만들 수 있게 해주지만 예술가의 권리와 창작의 의미에 대한 질문도 함께 던지고 있어.

영화에서도 AI는 점점 중요한 역할을 맡고 있어. 관객이 좋아할 만한 장면을 분석하고, 스토리 구조를 짜거나 배우 캐스팅을 추천하는 데까지 활용돼. 2024년에는 인공지능이 제작한 단편 영화가 영화제에서 상을 받기도 했어. 편집 과정에서도 AI는 수많은 장면 중 가장 적절한 장면을 자동으로 골라내는 기능을 제공했어. 이제 영화는 사람과 기계가 함께 만들어가는 예술이 된 셈이야.

게임도 빠질 수 없어. AI는 플레이어의 실력을 분석해 난이도를 자동으로 조절하고, NPC(게임 속 등장인물)가 더 똑똑하게 반응할 수 있게 해. 그래서 플레이어마다 다른 경험을 할 수 있고, 몰입감도 커지지. 예전에는 모든 사람이 똑같은 방식으로 게임을 즐겼지만, 이제는 인공지능 덕분에 개인 맞춤형 게임 경험이 가능해졌어.

이런 변화는 우리의 호불호와 상관없이 계속될 거야. 인공지능은 단순히 기술적 진보가 아니라 문화 자체를 바꾸고 있어. 전문가들은 앞으로 인공지능이 콘텐츠 제작의 중심에 설 거라고 예측했어. 아티스트와 AI가 협력해서 완전히 새로운 형태의 콘텐츠를 만들어 낼 수도 있을 거야. 창작의 경계를 허물고, 새로운 가능성을 열어 줄 거야. 하지만 동시에 저작권, 창작자의 권리, 그리고 인간의 창의성은 어떻게 지켜야 할지에 대한 논의도 중요해.

결국 인공지능은 우리에게 새로운 즐길 거리를 주는 동시에, '예술과 창작이란 무엇일까?'라는 질문을 다시 생각하게 만들고 있어.

1. 인공지능이 만든 콘텐츠의 저작권 문제로 옳은 것은?

   ① 인공지능이 만든 콘텐츠는 모두 무료로 제공된다.
   ② 인공지능이 만든 콘텐츠의 소유권이 누구에게 있는지에 대한 문제를 말한다.
   ③ 인공지능이 만든 콘텐츠는 인간이 만든 것과 가능하다는 의미다.
   ④ 인공지능은 콘텐츠를 만들 수 없다는 의미다.
   ⑤ 인공지능이 콘텐츠를 생산할 때 저작권을 고려하지 않는다는 의미다.

2. 인공지능이 음악 산업에서 어떻게 활용되고 있는지 구체적인 예를 들어 설명하고, 이러한 변화가 음악가와 팬에게 어떤 의미가 있는지 생각해 보자.

3. 인공지능이 게임의 NPC(Non-Player Character) 행동을 개선하는 방법에 대해 생각해 보고, 이러한 변화가 게임의 몰입감에 어떤 영향을 미칠 수 있는지 설명해 보자.

4. 인공지능 기술이 발전하면 엔터테인먼트 산업은 앞으로 어떻게 변화할까? 이러한 변화는 사회에 긍정적 영향을 미칠까, 부정적 영향을 미칠까?

더 알고 싶어 119

📖 도서　▷ 영상　🔍 사이트

▷ **아이유가 부르는 밤양갱 ai (데일리 기타)**
인기 가수의 목소리를 AI로 재현한 커버곡 제작 과정을 소개하는 음악 블로그 포스팅이야.
AI 음악이 어떻게 만들어지는지 알 수 있어. K-pop 좋아한다면 재미있게 읽을 거야.

지구를 살리는 AI 영웅

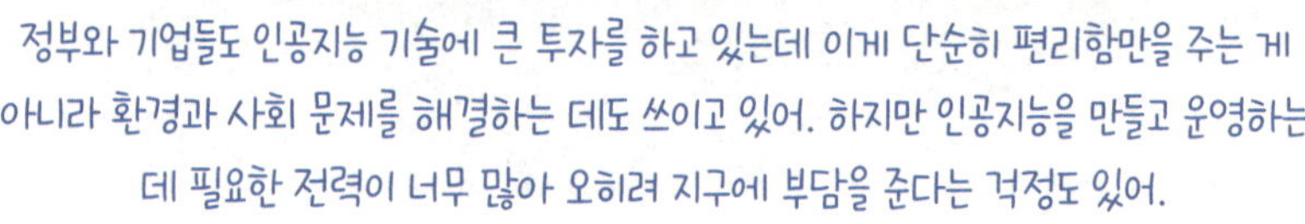

정부와 기업들도 인공지능 기술에 큰 투자를 하고 있는데 이게 단순히 편리함만을 주는 게 아니라 환경과 사회 문제를 해결하는 데도 쓰이고 있어. 하지만 인공지능을 만들고 운영하는 데 필요한 전력이 너무 많아 오히려 지구에 부담을 준다는 걱정도 있어. 그렇다면 인공지능은 우리가 꿈꾸는 '지속 가능한 삶'에 어떻게 쓰여야 할까?

학습 키워드　#인공지능　#인공지능　#지속가능한삶　#지속가능성　#SDGs
교과 연계　중2 〉 2학기〉기술·가정〉Ⅴ-2 정보 통신 기술 문제 해결

인공지능이 발전하면서 우리는 더 높은 생산성과 서비스 제공을 기대하지만, 그 이면에는 환경을 해칠 수 있는 위험이 있어. 인공지능 산업으로 전기를 많이 쓰면서 화석 연료를 더 많이 사용하게 되면, 탄소 배출을 적게 하려고 노력하는 탈탄소 시대에 걸림돌이 될 수 있어. 이런 문제를 해결하려고 빅테크^{Big tech} 기업들◆과 반도체 기업들은 저전력 기술을 개발하려고 노력하고 있어.

인공지능은 잘만 활용하면 환경 보호와 지속 가능한 발전에 큰 도움이 될 수 있어. 하지만 동시에 전력 소비 문제로 지구를 위협할 수도 있지. 그래서 '어떻게 쓰느냐'가 정말 중요한 기술이야.

◆　**빅테크 기업** 구글, 아마존, 메타, 애플 등과 같은 대형 정보기술(IT) 기업을 말해.

↑ 인도네시아 마나도에서 한 과학자가 360도 카메라와 인공지능이 탑재된 스쿠터를 사용하여 해양 식물의 상태를 조사하고 있는 모습 (The Guardian)

먼저 에너지 관리야. 인공지능이 전력망을 똑똑하게 관리하는 '스마트 그리드' 기술은 전기 사용을 최적화해 낭비를 줄여. 필요할 때 필요한 만큼만 전기를 쓰게 해서 에너지 효율을 크게 높여 주지.

두 번째는 농업 혁신이야. 드론과 AI를 함께 활용해 작물의 상태를 관찰하고, 필요한 영양소만 정확하게 주는 거야. 이렇게 하면 농약 사용도 줄고, 생산성은 더 올라가면서 환경까지 지킬 수 있지.

세 번째는 기후변화 대응이야. 인공지능은 방대한 기후 데이터를 분석해 미래의 변화를 예측하고, 정부와 기업이 더 나은 정책을 세울 수 있도록 도와줘.

네 번째는 폐기물 관리야. AI가 쓰레기를 자동으로 분류하고 재활용률을 높이는 기술이 개발되고 있어.

마지막으로 대기질 개선도 있어. AI가 오염 데이터를 분석해 원인을 추적하고 더 깨끗한 공기를 만들 방법을 제시하는 거야.

하지만 반대로 인공지능은 엄청난 전력을 쓰는 '전기 먹는 하마'이기도 해. 검색 한 번보다 챗봇 한 번을 돌리는 데 필요한 전력이 10배나 많다는 분석도 있어. AI 모델을 훈련할 때는 일반 가정 수백 가구가 1년 동안 쓰는 전기보다 더 많은 에너지가 필요하다는 보고도 있지. 이 때문에 천연가스 발전소 건설이 늘고 있다는 우려도 나오고 있어. 결국 탄소 감축 계획에 거꾸로 행동할 수도 있다는 거야.

그래서 앞으로는 인공지능을 무작정 개발하고 쓰는 게 아니라 환경에 주는 영향을 꼼꼼히 따져보고 책임 있게 활용하는 태도가 필요해. 저전력 반도체 개발 같은 기술적 보완도 꼭 필요하지. 인공지능이 지구를 더 힘들게 하지 않으면서도 지속가능한 삶을 돕는 도구로 자리 잡는 것. 그게 우리가 나아가야 할 길이야.

1. 인공지능이 지속가능한 발전을 위해 기여할 수 있는 점으로 옳은 것은?

① 에너지 소비를 더욱 가속화한다.　　　② 인간의 일을 모두 대체한다.
③ 기후 데이터를 분석하여 예측할 수 있다.
④ 데이터와 에너지를 더욱 많이 소비한다.
⑤ 기후변화에 대한 대중의 관심을 감소시킨다.

2. 인공지능이 지속가능한 발전에 기여할 수 있는 방법은 무엇일까? 구체적인 예를 들어서 인공지능이 어떻게 환경 문제를 해결하는 데 도움을 줄 수 있는지 정리해 보자.

3. 인공지능이 지속가능한 발전을 위해 사용될 때, 인간의 역할은 무엇일까? 기술이 발전함에 따라 인간이 해야 할 일과 책임에 대해 의견을 적어 보자.

4. 개인이 인공지능을 통해 지속가능한 발전에 기여할 수 있는 방법은 무엇일까? 일상에서 실천할 수 있는 구체적인 행동을 적어 보자.

더 알고 싶어 119

📖 도서　▷ 영상　🔍 사이트

▷ **지속가능성과 인공지능 (사이언스 프렌즈, 오혜연)**
AI 기술이 환경 보호와 지속가능한 발전에 어떻게 기여할 수 있는지 설명한 과학 칼럼이야.
AI가 환경 문제 해결에 도움이 될 수 있다는 걸 알 수 있어. 환경에 관심 있다면 읽어 봐.

🔍 **탐사보도 뉴스프리즘: AI, '전기에 물도 먹는 하마'…기후변화 대응의 적? (연합뉴스, 이광빈)**
AI 기술 사용이 오히려 환경에 부담을 줄 수 있다는 반대 관점을 다룬 탐사 보도야. 양면을
모두 생각해봐야 해. 각자의 관점을 한 줄씩 정리해 보자.

🔍 **지속 가능한 미래를 위해 AI는 어떤 작용을 할까? (AI Times, 양대규)**
AI를 친환경적으로 활용하는 방법을 제시하는 전문가 기고문이야. 균형 잡힌
시각을 얻을 수 있어. 핵심 내용을 한 줄로 작성해 보자.

우주 탐험, AI와 함께 간다!

우주산업과 인공지능

인류는 오래전부터 우주 탐험을 꿈꿔왔고, 이제는 그 꿈이 현실이 되고 있어.
한국항공우주산업도 인공지능을 활용해 우주선을 설계하고 안전성을 높이고 있지.
그렇다면 앞으로 인공지능은 우주산업을 어떻게 바꿔갈까?

학습 키워드　#인공지능 #인공지능 #우주산업
교과 연계　중2 > 2학기 > 기술·가정 > V-2 정보 통신 기술 문제 해결

최근 스페이스X가 세계 최초로 완전 민간 우주 비행사 팀을 우주로 보냈어. 이 팀은 3일간 지구 궤도를 선회하며 새로운 우주 시대를 열었지. 또 화성 탐사선 퍼서비어런스Perseverance호가 화성 표면에 안전하게 착륙해서 인류 역사상 가장 복잡한 자동화 시스템으로 작동하며 많은 사람들의 관심을 끌었어. 이렇게 우주 개발이 빠르게 진행되고 있는 가운데, 인공지능은 우주산업에도 커다란 변화를 가져오고 있어.

화성 탐사선의 인공지능 시스템은 데이터를 실시간으로 분석해 자율적으로 의사 결정을 내리고 있고, 우주인들의 건강 상태를 모니터링하고 조치를 취하는 인공지능 시스템도 개발되고 있어. 이렇게 우주산업과 인공지능은 서로 밀접한 관계를 맺고 있지.

우주산업과 인공지능의 결합은 지금 우리가 우주를 탐험하는 방식을 크게 바꾸고 있어. 과거에는 사람이 직접 조종하고 명령을 내려야 했지만, 이제는 인공지능이 스스로 판단하고 움직일 수 있는 수준까지 발전했어.

인공지능이 바꾸는 우주산업의 세 가지 혁신

첫째, 우주선 설계와 제작이 더 정교해졌어. 인공지능은 수많은 데이터를 분석해서 가장 효율적인 설계 방안을 찾아내고, 제작 비용을 줄이는 데 도움을 줘. 또 고장을 미리 예측해서 안전성을 높일 수도 있어.

둘째, 자율 비행이 가능해졌어. NASA의 화성 탐사 로버 '퍼서비어런스'는 인공지능을 활용해 화성의 지형을 분석하고 스스로 이동하며 샘

플을 수집해. 사람이 직접 조종하지 않아도 로버가 알아서 움직이는 거지. 이런 기술 덕분에 우주 탐사는 더 멀리, 더 안전하게 나아갈 수 있어.

셋째, 방대한 데이터 분석에도 인공지능이 필수야. 우주에서 모인 데이터는 인간이 직접 다 분석하기에는 너무 많고 복잡해. 그런데 인공지능은 패턴을 찾아내고, 의미 있는 정보를 뽑아내는 데 탁월하지. 덕분에 외계 행성의 대기를 분석해 생명체 존재 가능성을 예측하거나 새로운 자원을 찾는 데 활용되고 있어.

앞으로 인공지능은 우주산업의 든든한 동반자가 될 거야. 사람 대신 위험한 임무를 맡고, 우리가 알지 못했던 우주의 비밀을 밝혀낼 수 있지. 우주에서 자원을 찾거나 새로운 생명체를 탐사하는 일도 인공지능의 힘으로 더 빨리 다가올 거야. 결국 인공지능은 인류가 우주를 더 깊이 이해하고 탐험할 수 있도록 문을 열어 주는 열쇠가 되고 있어.

1. 인공지능이 우주 탐사에서 생명체를 찾는 데 이용되는 사례로 적절한 것은?

　① 우주선의 연료를 절약한다.　　② 외계 행성의 대기를 분석한다.
　③ 우주선의 색깔을 바꾼다.　　④ 우주에서 음식을 요리한다.
　⑤ 우주선의 크기를 줄인다.

2. 인공지능이 우주 탐사에 어떻게 기여하고 있는지 설명하고, 앞으로 인공지능이 우주 탐사에 어떤 변화를 가져올 수 있을지 적어 보자.

3. 인공지능이 우주에서 생명체를 찾는 데 어떻게 도움을 줄 수 있는지 설명하고, 이러한 탐사가 인류에게 어떤 의미가 있을지 의견을 내보자.

4. 우주 탐사에서 인공지능과 인간이 어떻게 협력할 수 있는지에 대해 설명하고, 이러한 협력이 우주 탐사에 어떤 긍정적인 영향을 미칠 수 있을지 적어 보자.

더 알고 싶어 119

📖 도서　▷ 영상　🔍 사이트

▷ **2023 ICT 10대 이슈 로봇, 인공지능, 우주편 (YTN 사이언스)**
우주 탐사에 활용되는 최신 AI 기술을 정리한 과학 뉴스 모음이야. 로봇 탐사선이 어떻게 작동하는지 알 수 있어. 우주에 관심 있다면 꼭 봐.

🔍 **민간인으로만 구성된 최초 우주인팀 국제우주정거장에 도착 (동아사이언스, 서동준)**
민간 우주 여행 시대를 연 역사적 순간을 전하는 과학 뉴스야. 우주가 더 이상 먼 얘기가 아니라는 걸 알 수 있어. 우주 비행사가 꿈이라면 읽어봐.

🔍 **美 화성 탐사선 퍼서비어런스호 착륙 성공⋯첫 사진 전송 (아시아경제, 김수환)** AI 기술이 탑재된 화성 탐사 로봇의 성공적인 착륙 소식을 전하는 속보 기사야. 화성에서 보낸 실제 사진도 볼 수 있어. 우주 탐사가 궁금하다면 읽어봐.

AI 시대의 소통 전문가, 디지털 커뮤니케이터

유튜버가 올리는 재미있는 영상, 인스타그램에서 보는 브랜드 광고, 틱톡에서 핫한 챌린지 이 모든 것들은 어떻게 만들어지고 우리에게 전달되는 걸까? 바로 디지털 커뮤니케이터라는 소통의 달인들이 만들어내는 마법이야. 배달의 민족에서 보는 재미있는 푸시 알림 메시지나 카카오톡에서 받는 브랜드 메시지들도 모두 디지털 커뮤니케이터들이 기획하고 만든 거야. 네이버 웹툰이나 카카오스토리에서 보는 브랜드 콘텐츠, 심지어 여러분이 보는 유튜브 광고까지도 디지털 커뮤니케이터의 손을 거쳐 탄생하지.

이런 디지털 세상의 소통을 담당하는 디지털 커뮤니케이터는 무슨 일을 할까? 쉽게 말하면 '사람들의 관심을 끌고(기획) → 마음에 드는 콘텐츠를 만들고(제작) → 적절한 시간에 적절한 사람에게 전달하는(배포) 소통 전문가'야.

디지털 커뮤니케이터가 하는 일

- **SNS 콘텐츠 기획·제작**Social Media Contents: 인스타그램, 유튜브, 틱톡 등에서 사람들이 좋아할 만한 내용을 기획하고 영상, 이미지, 텍스트로 만들어. 어떤 해시태그를 쓸지, 언제 올릴지도 전략적으로 계획하지.
- **디지털 광고 캠페인**Digital Advertising: 구글 광고, 네이버 광고, SNS 광고 등을 기획하고 운영해. "10대들에게는 틱톡에서, 30대에게는 인스타에서 광고를 보여주자" 같은 전략을 세우는 거야.
- **브랜드 스토리텔링**Brand Storytelling: 브랜드가 가진 이야기를 감동적으로 전달하는 방법을 찾아내. 단순한 광고가 아니라 사람들 마음에 남는 이야기를 만들지.
- **데이터 분석**Digital Analytics: 구글 애널리틱스나 SNS 인사이트를 보면서 '이 콘텐츠는 왜 인기가 많았을까?', '다음엔 뭘 만들면 좋을까?'를 분석해.

그럼 디지털 커뮤니케이터의 하루 일과를 한 번 들여다 볼까? 아침에는 팀 회의로 어제 올린 콘텐츠의 반응을 체크해. 오전에는 새로운 캠페인을 기획하고, 점심 뒤에는 포토샵이나 프리미어 프로 같은 프로그램으로 실제 콘텐츠를 만들지. 오후에는 만든 콘텐츠를 각 SNS 채널에 맞게 편집해서 올리고, 댓글이나 메시지로 들어오는 고객들의 반응에 실시간으로 대응해. 마지막으로 내일 올릴 콘텐츠를 준비하고 일정을 정리하지.

디지털 커뮤니케이터는 단순히 'IT 회사'에만 근무하는 것이 아니야. 화장품 회사, 패션 브랜드, 음식점, 학원, 심지어 정부기관까지 SNS를 운영하는 모든 곳에서 근무해. 이러한 경향은 앞으로 모든 비즈니스가 디지털화됨에 따라 더욱 확대될 전망이야.

그렇다면 디지털 커뮤니케이터가 되기 위해서 무엇을 공부하면 좋을까? 핵심적으로 공부해야 할 과목은 국어(글쓰기, 스토리텔링 등), 미술(디자인 감각), 사회(트렌드 이해), 정보(기본적인 컴퓨터 활용 등)야. 여기에 작은 SNS 계정 운영 프로젝트를 실행해 보고 학교에서 진행하는 창작 동아리나 방송반에 참여하며 하나씩 디지털 콘텐츠 제작에 대한 감을 잡아가는 게 좋아. 대학 전공은 '미디어커뮤니케이션학과', '디지털미디어학과', '광고홍보학과', '신문방송학과' 등을 고려해 봐. 이제 디지털 커뮤니케이터와 맞는지를 함께 점검해 보고 지금 바로 시작할 수 있는 4주 플랜을 살펴보자.

디지털 커뮤니케이터가 나랑 맞을까? 체크리스트

☐ 친구들과 대화할 때 재미있는 이야기나 드립을 잘 치는 편이야.

☐ 인스타그램이나 틱톡에 올릴 사진이나 영상을 예쁘게 편집하는 걸 좋아해.

☐ 새로운 유행어나 밈(meme)을 빨리 알아채고 따라하는 편이야.

☐ 사람들이 뭘 좋아하는지, 왜 이런 걸 재미있어하는지 궁금해하는 편이야.

☐ 학교에서 발표할 때 어떻게 하면 친구들이 집중할까를 고민해.

(이 중 3개 이상이면 디지털 커뮤니케이터와 비교적 잘 맞는 편이라고 할 수 있어.)

지금 바로 시작! 4주 실천 플랜

- **1주차**: 관심 있는 주제로 인스타그램 계정 만들기. '중학생의 일상', '우리 학교 급식 리뷰', '반려동물 일기' 등 꾸준히 올릴 수 있는 주제를 정해봐.
- **2주차**: 캔바^{Canva}나 인스타그램 내장 편집 도구로 예쁜 게시물 만들어 보기. 같은 내용이라도 어떻게 표현하느냐에 따라 반응이 다르다는 걸 경험해 봐.
- **3주차**: 해시태그 전략 세우기. 내 게시물을 누가, 언제, 어떻게 찾을지 생각해서 적절한 해시태그를 연구해 봐.
- **4주차**: 친구들이나 가족에게 피드백 받고 개선하기. '어떤 게시물이 가장 기억에 남아?', '다음엔 뭘 보고 싶어?' 같은 질문으로 소통해 봐. 잘 했다면 한 달간의 기록을 정리해두고 더 재미있는 콘텐츠 아이디어를 생각해 보자.

4부
환경을 지키는
착한 AI

AI, 환경 지킴이가 될 수 있을까?

환경 보호에 나선 인공지능

바닷속 쓰레기를 치우는 로봇, 스스로 나무를 심는 인공지능까지 등장했어.
이렇게 인공지능은 환경 문제 해결에도 큰 역할을 하고 있지.
그렇다면 앞으로 인공지능은 어떤 방식으로 지구를 지키는 데 도움을 줄까?

학습 키워드 #인공지능 #인공지능 #환경보호
교과 연계 중2 〉 2학기 〉 기술·가정 〉 Ⅴ-2 정보 통신 기술 문제 해결

전 세계가 기후변화와 환경오염으로 골머리를 앓고 있어. 특히 대기오염과 온실가스는 건강에도, 지구의 미래에도 큰 위협이지. 그래서 여러 해결책이 시도되고 있는데, 그중에서도 요즘 주목받는 게 바로 인공지능이야. 인공지능은 엄청난 양의 데이터를 분석하고, 문제를 예측하고, 더 똑똑한 방법을 찾아내는 데 뛰어나거든.

예를 들어 인공지능을 활용해 대기오염을 실시간으로 감시하는 시스템이 개발됐어. 공기 속의 미세먼지를 분석해 오염이 심한 지역을 빠르게 찾아내고 시민들에게 경고까지 보내주는 거지. 덕분에 사람들은 미리 대비할 수 있어.

생태계 보호에도 인공지능이 큰 힘을 발휘하고 있어. 드론과 인공지능을 함께 쓰면 멸종 위기 동물의 서식지를 살피고, 불법 사냥까지 감시

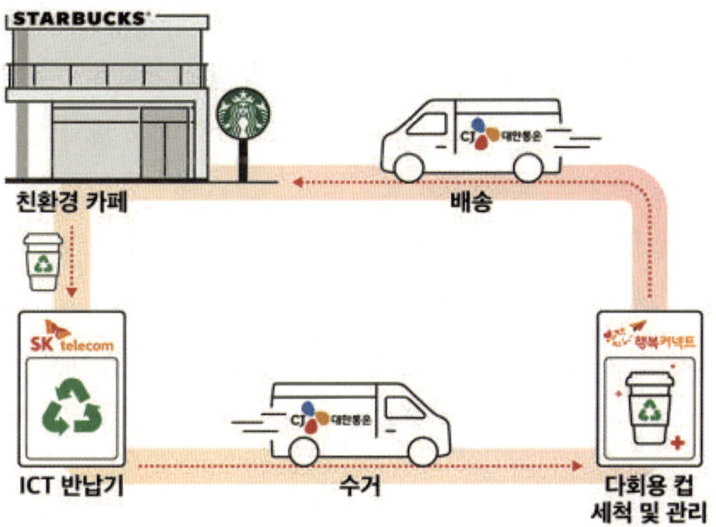

▲ 에코제주 프로젝트 '1회용컵 없는 매장' 시범운영 체계도 (SKT insight 홈페이지)

할 수 있어. 사람 눈으로는 찾기 힘든 넓은 지역도 드론이 훨씬 빨리 조사할 수 있지.

쓰레기 문제 해결도 빼놓을 수 없어. 인공지능 로봇은 바닷속 플라스틱을 찾아내서 스스로 수거할 수 있고, 도심에서는 쓰레기를 분류해 재활용품을 따로 골라내기도 해. 제주도에서는 '1회용컵 없는 매장' 실험을 하면서, 인공지능 시스템이 다회용 컵을 자동으로 관리하고 있대.

농업도 달라지고 있어. 스마트 농업 기술은 토양 수분을 분석해 적절한 양의 물을 주고, 농약도 꼭 필요한 만큼만 쓰게 해. 그래서 농작물은 건강하게 자라면서도 환경 피해는 줄일 수 있어.

또 인공지능은 기후변화를 예측하는 데도 쓰이고 있어. 방대한 데이터를 분석해 앞으로의 날씨와 기후변화를 더 정확하게 알려주거든. 이를 바탕으로 나라나 도시가 기후위기에 대비할 수 있지.

이렇게 인공지능은 우리의 일상에서도 환경 보호를 도와주고 있어. 인공지능이 적용된 스마트홈 시스템은 전기와 물 사용량을 최적화해 에너지를 절약하게 해 주지. 또 챗봇을 이용하면 환경 보호 방법을 쉽게 물어볼 수도 있어.

가만히 보면 인공지능은 환경 문제 해결의 든든한 조력자야. 앞으로 기술이 더 발전하면, 우리가 맞닥뜨리는 환경 위기를 막는 데 훨씬 더 큰 역할을 하게 될 거야. 여러분도 오늘 배운 사례들을 바탕으로 '나는 인공지능을 어떻게 활용해 환경을 지킬 수 있을까?' 하고 한 번 생각해 보면 좋겠어.

1. 인공지능이 환경을 보호에 사용될 때 가장 큰 장점으로 옳은 것은?

   ① 환경오염을 무시할 수 있다.
   ② 실시간 데이터 분석을 통해 신속한 대응이 가능하다.
   ③ 환경오염을 예측할 필요성이 사라진다.
   ④ 사람의 개입 없이 모든 문제를 해결할 수 있다.
   ⑤ 환경오염 문제를 지구적 문제로 확산시킬 수 있다.

2. 인공지능 기술이 에너지 소비를 최적화하는 데 어떻게 기여할 수 있을까? 이를 통해 우리가 얻을 수 있는 환경적 이점을 적어 보자.

3. 인공지능이 생태계 보호를 위해 어떤 방식으로 활용될 수 있는지 구체적인 예를 들어 설명하고, 이러한 노력이 왜 중요한지 적어 보자.

4. 인공지능 기술이 기후변화 대응을 위한 개인의 행동 변화에 어떻게 영향을 미칠 수 있는지 생각해 보고, 우리는 어떤 실천을 할 수 있는지 적어 보자.

더 알고 싶어 119

📑 도서   ▷ 영상   🔍 사이트

▷ **기후위기에서 인류를 지키는 인공지능?! (AI Network)**
AI가 기후변화 예측과 대응에 어떻게 활용되는지 설명한 환경 전문 자료야. 환경 문제가 심각한데 AI가 도움이 될 수 있다는 걸 알 수 있어. 환경 운동에 관심 있다면 읽어 봐.

🔍 **재활용 쓰레기 분류 AI 로봇, 중국 쓰레기장에 도입 (로봇신문, Erika Yoo)**
쓰레기를 자동으로 분류하는 AI 로봇의 실제 작동 모습을 소개한 로봇 산업 뉴스야. 재활용이 얼마나 효율적으로 바뀔 수 있는지 알 수 있어. 환경 보호에 관심 있다면 봐.

🔍 **"알렉사, 나무 좀 심어줘!"… 나무 심기, AI와 NFT, 메타버스를 만나다**
(Greenium, 김지연) AI 기술을 활용한 새로운 환경 보호 캠페인을 소개하는 환경 매거진 기사야. 재미있는 방식으로 나무를 심을 수 있어. 환경 보호를 실천하고 싶다면 읽어 봐.

환경 파괴자 AI?

편리함 뒤의 그림자

인공지능이 생활을 편리하게 해주지만 환경을 오염시킨다는 얘기도 있어.
데이터센터는 전력을 많이 써서 탄소를 배출하고 공장에선 새로운 폐기물이 나오기도
하지. 인공지능이 지구를 지킬 수도, 위협할 수도 있다는 게 놀랍지 않아?

학습 키워드 #인공지능 #인공지능 #환경오염
교과 연계 중2 › 2학기 › 기술·가정 › V-2 정보 통신 기술 문제 해결

2022년 챗GPT가 등장하면서 인공지능 활용이 엄청 크게 늘었어. 그 덕분에 많은 사람들이 편리함을 누리고 있지만, 동시에 데이터 처리와 저장을 위한 서버 수요도 폭발적으로 증가했지. 문제는 이 서버들이 24시간 내내 돌아가면서 엄청난 전력을 소비한다는 거야. 전력 대부분이 화석 연료에서 나오다 보니, 결과적으로 온실가스 배출이 늘어나고 지구 온난화가 심해지는 거지.

실제로 최근 연구에 따르면 데이터센터가 전 세계 탄소 배출의 약 3.6%를 차지한다고 해. 수치만 봐도 꽤 큰 비중이지. 게다가 대형 데이터 센터 하나가 연간 수백만 킬로와트시kWh의 전력을 소비한다고 하니, 환경에 미치는 영향이 결코 작지 않다는 걸 알 수 있어.

또 다른 문제는 인공지능이 활용되는 자동화 공정이야. 로봇과 기

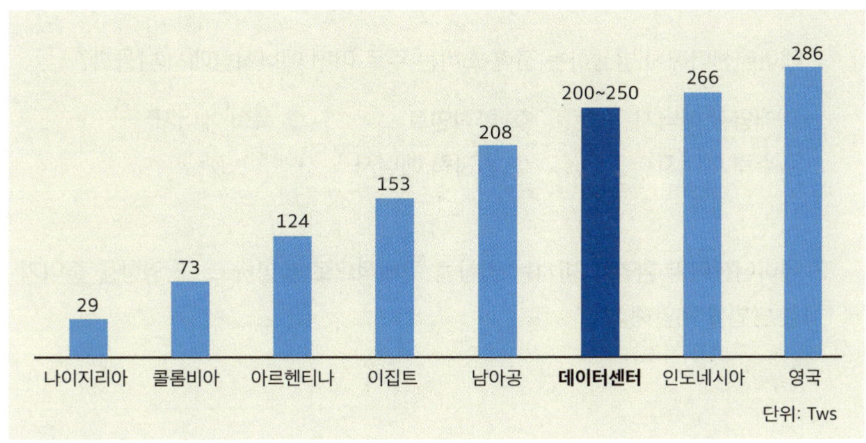

▲ 2020년 글로벌 데이터센터와 국가의 전력 소비량 비교 (KDB미래전략연구소·국제에너지기구)

계가 대량 생산을 담당하면서 불량품이나 남는 자재가 생겨나는데, 이런 게 다 폐기물로 이어져. 특히 전자기기에서 나오는 전자 폐기물은 납이나 수은 같은 독성 물질을 포함하고 있어서 방치하면 토양과 물을 오염시켜.

그렇다면 어떻게 해야 할까? 우선 데이터센터의 에너지 효율을 높여야 해. 일부 기업은 이미 태양광이나 풍력 같은 재생에너지를 활용하려는 시도를 하고 있어. 또 알고리즘을 개선해 인공지능 자체를 더 똑똑하게 만드는 방법도 있어. 예를 들어 학습 과정에서 불필요한 연산을 줄이는 기술이 개발되면 에너지도 아끼고 환경 부담도 줄일 수 있지.

우리는 인공지능이 가져오는 편리함만 보지 말고, 그 이면에 있는 환경 문제까지 함께 생각해야 해. 인공지능이 우리의 미래를 밝히는 도구가 되려면 환경을 지키는 방향으로 발전해야 해.

1. 데이터센터에서 발생하는 전력 소비는 주로 어떤 에너지원에서 나올까?

   ① 태양광 에너지   ② 화석연료   ③ 풍력 에너지
   ④ 수력 에너지   ⑤ 원자력 에너지

2. 데이터센터가 환경에 미치는 영향을 구체적으로 설명하고, 그 영향을 줄이기 위한 방법을 제안해 보자.

3. 앞으로 인공지능 기술이 발전함에 따라 환경 오염 문제가 어떻게 변화할 것인지 의견을 적어 보자.

4. 인공지능이 환경 문제를 해결할 때 인간은 어떤 역할을 해야 할까?

👍 더 알고 싶어 119

🎦도서 ▶영상 🔍사이트

▶ **AI는 전기 먹는 하마…기후위기 해결사인가, 걸림돌인가 (SBS 뉴스)**
AI 데이터센터의 막대한 전력 소비가 환경에 미치는 영향을 조사한 시사 프로그램이야. AI도 환경 문제를 일으킬 수 있다는 걸 알아야 해.

🔍 **환경톡톡 : "챗 GPT, 환경오염 얼마나 알고 있니?" (환경일보, 고가현)**
생성형 AI의 환경 지식 수준을 테스트하고 환경 문제 해결 가능성을 탐색한 실험 기사야. 재미있는 실험이라 흥미롭게 읽을 수 있어. AI의 한계를 알고 싶다면 읽어 봐.

🔍 **2023년 환경 문제 보고서 발표 (워터저널, 환경실천연합회)**
AI 기술 발전이 환경에 미치는 긍정적·부정적 영향을 종합 분석한 연례 보고서야. 전체적인 그림을 볼 수 있어. 환경 정책에 관심 있다면 읽어 봐.

AI가 기후변화를 막는 방법

양날의 검, 인공지능

기후변화는 지금 우리 모두가 겪고 있는 큰 문제야. 그런데 여기에 인공지능이 깊이 관련돼 있다는 사실, 알고 있었어? 어떤 사람들은 인공지능이 기후변화를 더 심각하게 만든다고 말하고 또 어떤 사람들은 오히려 기후변화를 해결하는 데 도움이 된다고 주장해. 과연 인공지능과 기후변화는 어떤 관계를 맺고 있을까?

학습 키워드 #인공지능 #인공지능 #기후변화
교과 연계 중2 › 2학기 › 기술·가정 › V-2 정보 통신 기술 문제 해결

최근 전 세계 곳곳에서 폭염, 가뭄, 홍수 같은 기후 재해가 이어지고 있어. 이 때문에 기후변화에 대응할 방법을 찾는 게 인류의 가장 큰 과제가 되고 있지. 그런데 인공지능이 이 문제를 해결하는 데 중요한 역할을 할 수 있다는 기대가 커지고 있어.

인공지능은 방대한 데이터를 빠르게 분석해 기후변화의 원인을 더 정확히 파악할 수 있어. 예를 들어 과거의 기상 자료와 환경 데이터를 분석하면 앞으로 어떤 기후변화가 나타날지 예측할 수 있지. 기온 상승, 강수량 변화, 해수면 상승 같은 걸 더 정밀하게 알 수 있어서, 정부나 기업이 미리 정책과 대책을 세우는 데 도움을 줘.

또 인공지능은 자연재해를 예측하고 피해를 줄이는 데도 쓰이고 있어. 홍수나 산불 같은 위험 상황을 인공지능이 미리 알려주면 사람들은

⬆ 인공지능 기업 엔비디아가 예측한 기후변화 프로그램 (엔비디아)

빨리 대피하거나 대비할 수 있지.

에너지 분야에서도 인공지능은 큰 역할을 해. 태양광이나 풍력 같은 신재생에너지 발전량을 최적화하고, 가정과 공장에서 쓰는 전기를 효율적으로 관리하게 도와주거든. 이렇게 하면 불필요한 에너지 낭비가 줄고, 온실가스 배출도 줄어들어.

더 나아가 인공지능은 이산화탄소를 포집하고 저장하는 기술에도 활용돼. 대기 속에 퍼져 있는 이산화탄소를 모아서 환경 피해를 줄이는 방법이지. 이런 기술이 발전하면 기후변화를 늦추는 데 큰 힘이 될 수 있어.

하지만 문제는 인공지능 자체도 많은 에너지를 사용한다는 점이야. 인공지능을 학습시키고 운영하려면 수많은 서버가 24시간 돌아가야 해. 이 과정에서 많은 전력이 필요하고, 그 전력이 주로 화석연료에서 나오다 보니 온실가스를 더 많이 배출하게 되지. 결국 인공지능은 기후변화 문제를 해결하는 도구가 될 수도 있지만, 동시에 또 다른 문제를 만들 수도 있는 거야. 그래서 중요한 건 '균형'이야. 인공지능을 무조건 '좋다,

나쁘다'라고만 볼 수는 없어. 우리가 어떻게 활용하느냐에 따라 환경에 긍정적인 영향을 줄 수도 있고, 반대로 더 큰 부담을 줄 수도 있는 거지.

앞으로 인공지능이 기후변화 문제 해결에 진짜 도움이 되려면 에너지를 덜 쓰는 기술 개발과 재생에너지 활용이 함께 이루어져야 해. 또 인공지능을 이용한 기후변화 교육 프로그램도 필요해. 학생들이 기후 문제를 잘 이해하고 미래에 올바른 선택을 할 수 있도록 돕는 거야.

결국 인공지능은 기후변화를 막아낼 수 있는 중요한 도구이자 동시에 조심해야 할 위험 요소야. 우리가 해야 할 일은 인공지능을 현명하게 사용해서 지속 가능한 미래로 나아가는 거겠지.

1. 인공지능이 기후변화 문제 해결에 도움을 줄 수 있는 부분으로 옳은 것은?

① 기후변화를 일으키는 온실 가스를 제거한다.
② 기후변화에 대한 교육을 모두 인공지능 교사가 하도록 한다.
③ 인공지능이 기후변화와 관련된 법률을 만든다.
④ 기후변화에 대한 개인적인 차원의 문제로 만든다.
⑤ 기후 데이터를 분석하여 기후변화를 예측하는 데 활용한다.

2. 기후변화 문제를 해결하기 위해 인공지능과 인간의 협력이 왜 중요할까? 그리고 협력의 필요성을 강조하는 이유는 무엇일까?

3. 기후변화와 관련된 데이터를 수집하고 분석하는 데 인공지능이 어떻게 활용될 수 있을까? 이 과정에서 발생할 수 있는 문제점은 무엇일까?

4. 인공지능이 기후위기 문제를 해결할 때 고려해야 할 윤리적인 것은 무엇일까?

더 알고 싶어 119

📖 도서   ▷ 영상   🔍 사이트

▷ **필 더 사이언스: 인공지능, 기후위기 대응의 활시위를 당기다 (tvN D ENT)**
AI를 활용한 기후 변화 대응 전략을 다룬 과학 예능 프로그램이야. 재미있으면서도 유익한 내용이 많아. 과학 예능 좋아한다면 꼭 봐.

🔍 **"AI가 기후예측, 1시간 만에!"…젠슨 황 흥분시킨 천재 여교수 (중앙일보, 심서현)**
슈퍼컴퓨터로 며칠 걸리던 기후 예측을 AI로 1시간 만에 해낸 혁신적 연구를 소개한 인터뷰 기사야. AI의 놀라운 능력을 알 수 있어. 과학자가 꿈이라면 영감을 받을 거야.

태양, 바람과 AI의 만남

지속 가능한 에너지 혁신

태양광, 풍력, 수력 같은 신재생에너지는 미래 세대가 깨끗한 환경에서 살아가기 위해 꼭 필요한 자원이야. 그런데 이 에너지를 더 효율적으로 쓰려면 어떻게 해야 할까? 여기서 인공지능이 등장해. 데이터를 분석하고 예측하는 능력이 뛰어난 인공지능이 신재생에너지와 만나면 우리의 지속가능한 삶에 어떤 놀라운 변화가 일어날까?

학습 키워드　#인공지능 #미래사회 #신재생_에너지
교과 연계　중2 > 2학기 > 기술·가정 > Ⅴ-2 정보 통신 기술 문제 해결

2024년 5월, 한 연구팀은 인공지능을 활용해 태양광 발전소의 에너지 생산을 80% 이상 향상시킬 수 있는 방법을 개발했어. 이 기술은 인공지능이 날씨 데이터를 분석하고 발전소의 운영을 최적화해 에너지 생산량을 극대화하는 방식이야. 이런 혁신적 접근은 신재생에너지의 효율성을 높이는 데 큰 기여를 하고 있어. 신재생에너지와 인공지능은 이렇게 에너지 활용의 시너지를 낼 수 있는 관계가 될 수 있어.

신재생에너지는 태양, 바람, 물처럼 자연에서 얻는 에너지를 말해. 화석연료처럼 환경을 해치지 않고 지구가 오래도록 쓸 수 있는 자원이지. 하지만 문제는 신재생에너지가 날씨에 크게 좌우된다는 거야. 구름이 많으면 태양광 발전량이 줄고, 바람이 약하면 풍력 발전도 힘들어. 그래서 안정적인 에너지 공급이 쉽지 않아.

↑ 인공지능이 제어하는 가상 발전소 (에너지연구원)

이때 인공지능이 해결책이 될 수 있어. 인공지능은 날씨 데이터를 분석해서 발전량을 미리 예측할 수 있어. 덕분에 발전소 운영을 더 효율적으로 조절할 수 있지. 실제로 2024년에 한 연구팀은 인공지능을 활용해 태양광 발전 효율을 80% 이상 높였다고 해. 인공지능이 날씨 변화를 예측하고, 발전소의 최적 운영 방식을 찾아낸 덕분이야.

인공지능은 가정과 공장에서의 에너지 소비 관리에도 쓰여. 스마트 홈 시스템이 대표적이야. 가정의 전기 사용을 모니터링해서 전기 요금이 싼 시간대에 가전제품을 자동으로 돌리거나 불필요한 전력 사용을 줄이게 도와줘. 덕분에 전기도 절약하고 지구도 지킬 수 있어.

또 인공지능은 지역마다 흩어져 있는 에너지를 한데 묶어 관리하는 '가상 발전소VPP, Virtual Power Plant'라는 기술에도 활용돼. 눈에 보이는 발전소는 없지만 클라우드와 센서를 활용해서 작은 발전 시설들을 하나의 큰 발전소처럼 운영하는 거야. 이렇게 하면 안정적으로 전력을 공급할 수 있고, 비용도 줄일 수 있지.

하지만 주의할 점도 있어. 인공지능은 데이터를 기반으로 학습하기 때문에 편향된 데이터가 입력되면 결과도 왜곡될 수 있어. 예를 들어 특정 지역의 날씨만 참고하면 다른 지역에서는 맞지 않는 예측이 나올 수 있지. 또 에너지 관리 시스템이 해킹당하면 전력 공급이 마비될 수도 있어. 그래서 인공지능을 안전하게 쓰는 방법도 함께 고민해야 해.

결국 신재생에너지와 인공지능의 만남은 단순한 기술 발전을 넘어서 미래 세대를 위한 지속 가능한 길을 열어 준다고 볼 수 있어. 다만 이 기술이 가진 장점과 위험을 함께 이해하고 제대로 활용하는 지혜가 필요해.

1. 인공지능이 신재생에너지에 도움을 줄 수 있는 방법으로 옳은 것은?

　① 모든 에너지를 신재생에너지로 전환한다.

　② 신재생에너지를 자동으로 생성한다.

　③ 사람의 일을 모두 인공지능이 대체한다.

　④ 화석연료 사용의 비율을 증가시킨다.

　⑤ 에너지 생산과 소비를 효율적으로 관리할 수 있게 해준다.

2. 다양한 신재생에너지 중에서 어떤 에너지원이 효과적일까? 그 이유는?

3. 신재생에너지와 인공지능의 발전이 사회에 미치는 영향을 생각해 보자. 이러한 변화가 경제, 일자리, 생활 방식에 어떤 영향을 미칠 수 있을까?

4. 10년 후, 20년 후의 에너지 사용 모습을 상상해 보자. 신재생에너지와 인공지능이 결합된 미래의 에너지 시스템은 어떤 모습일까?

더 알고 싶어 119　　　　　　　📖 도서　▷ 영상　🔍 사이트

▷ **AI를 활용한 재생에너지 (YTN 사이언스)**
태양광, 풍력 발전소에서 AI가 어떻게 에너지 효율을 높이는지 설명한 과학 다큐멘터리야. 재생 에너지의 미래를 알 수 있어. 에너지 문제에 관심 있다면 봐.

🔍 **알파고의 진화, AI가 발전소를 운영한다? 신재생에너지 및 관련 기술을 통한 순환경제 모델과 해법 (SK ecoplant NEWSROOM)**
실제 발전소에서 AI가 전력 생산을 최적화하는 사례를 소개하는 기업 블로그 포스트야. 기업이 어떻게 AI를 활용하는지 알 수 있어. 인공지능을 뒷받침하는 에너지 산업에 관심 있다면 읽어 봐.

미세먼지 해결사 AI

깨끗한 공기를 위한 인공지능의 역할

대기오염은 이제 일상의 문제가 됐어. 봄이면 황사와 미세먼지 때문에 마스크를 쓰는 게
자연스러워질 정도야. 그런데 이런 문제를 해결하기 위해 인공지능이 쓰이고 있다는 사실,
알고 있었어? 인공지능이 대기 상태를 예측하고 오염을 줄이는 방법을 찾는 데 도움을 준대.
그렇다면 인공지능은 정말 대기오염 문제를 해결할 수 있을까?

학습 키워드 #인공지능 #미래사회 #대기오염
교과 연계 중2 〉 2학기 〉 기술·가정 〉 Ⅴ-2 정보 통신 기술 문제 해결

매년 봄이면 황사와 미세먼지 때문에 마스크가 꼭 필요해져. 중국에서 불어오는 거대한 황사와 먼지 폭풍은 수천 미터 높이까지 솟구쳐 멀리 퍼지고, 그 결과 우리 건강과 농작물까지 큰 피해를 줘. 실제로 심혈관 질환이나 호흡기 질환을 악화시키고, 토양의 수분과 영양분을 빼앗아 수확량을 줄이기도 하지. 이렇게 넓은 범위에서 악영향을 끼치는 대기오염 문제는 이제 일상이 된 심각한 과제야. 그렇다면 인공지능은 어떤 역할을 할 수 있을까?

첫째, 실시간 모니터링이야. 인공지능은 대기질을 계속 관찰하다가 오염이 심해질 것 같으면 즉시 경고를 보내줘. 덕분에 사람들은 미리 대비할 수 있어.

둘째, 데이터 분석이야. 인공지능은 방대한 대기오염 데이터를 빠

르게 분석해서, 오염의 원인을 찾아내고 해결책을 제안해. 예를 들어 특정 지역에서 어떤 공장이 오염물질을 많이 배출하는지를 파악 할 수 있게 돼.

셋째, 예측 모델이야. 인공지능은 과거 데이터를 바탕으로 미래의 대기질을 예측해. 우리나라에서도 '대기질 박스 모델'이라는 기술을 개발했는데, 하늘을 작은 상자 단위로 나눠 미세먼지의 이동 경로를 시뮬레이션할 수 있어. 이렇게 예측하면 정부가 미리 대책을 세울 수 있어.

이뿐만이 아니라 최근에는 '그린 AI'라는 개념도 등장했어. 인공지능이 작동할 때도 전기를 많이 쓰고 탄소를 배출하기 때문에, 이걸 줄이자는 아이디어야. 효율적인 알고리즘을 개발해서 인공지능 자체가 환경에 부담을 덜 주도록 만드는 거야.

또 스마트 시티 프로젝트에서도 인공지능이 활용되고 있어. 도시에 센서를 설치해 대기질을 모니터링하고, 오염이 심할 때는 교통을 조절하거나 시민들에게 알림을 보내는 시스템이지. 거리의 전광판에서 '오늘의 미세먼지 나쁨/좋음'을 본 적 있을 거야. 이런 것도 인공지능 기반 대기질 예측 시스템 덕분이야.

이렇게 인공지능은 대기오염 문제를 해결하는 데 중요한 열쇠가 될 수 있어. 하지만 이 기술만으로 모든 문제가 해결되는 건 아니야. 정책, 시민의 노력, 국제 협력이 함께 이루어져야 더 깨끗한 공기를 마실 수 있겠지. 앞으로 인공지능이 발전하면서 대기오염 문제 해결에 더 큰 역할을 하길 기대해 보자.

1. 인공지능이 대기오염 개선에 도움을 줄 수 있는 방법으로 옳은 것은?

   ① 지구의 대기를 다른 행성의 대기로 전환시킨다.
   ② 대기 질을 분석하고 오염된 대기를 완전히 제거한다.
   ③ 대기오염에 대한 국민들의 관심을 다른 곳으로 돌린다.
   ④ 대기오염을 측정하고 예측함으로써 정책 결정에 영향을 준다.
   ⑤ 대기오염에 대한 정보를 은밀하게 숨긴다.

2. 인공지능(AI)이 대기오염 문제를 해결하는 데 어떻게 기여할 수 있을까? AI의 역할과 그 가능성에 대해 말해 보자.

3. 대기오염 문제를 해결하기 위해 국제 사회가 협력해야 하는 이유는 무엇일까? 국제적인 협력이 필요한 구체적인 사례를 조사해서 적어 보자.

4. 인공지능이 대기오염 문제를 해결하는 데 있어 주의해야 할 사항은 무엇일까?

더 알고 싶어 119

📑 도서　▷ 영상　🔍 사이트

▷ **인공위성·AI로 미세먼지 농도 추정… '사각지대' 없어져 (YTN 사이언스 투데이)**
위성 데이터와 AI를 결합해 미세먼지를 실시간 추적하는 기술을 소개한 과학 뉴스야. 미세먼지 예보가 더 정확해질 수 있어. 건강에 관심 있다면 알아두면 좋아.

🔍 **4차 산업사회와 환경오염 (한국일보, 노재화)**
산업 발전과 환경 오염의 관계를 AI 기술이 어떻게 개선할 수 있는지 다룬 칼럼이야. 환경과 경제의 균형을 생각해볼 수 있어. 사회 문제에 관심 있다면 읽어 봐.

🔍 **봄이면 아시아 뒤덮는 미세먼지, AI로 정밀 예측 (동아사이언스, 문세영)**
한중일 협력으로 개발 중인 AI 기반 미세먼지 예측 시스템을 소개한 과학 기사야. 국제 협력의 중요성을 알 수 있어. 국제 관계에 관심 있다면 읽어 봐.

AI가 물을
깨끗하게 한다고?

깨끗한 물을 지키는 기술

후쿠시마 원전 오염수 방류 소식에 물이 안전할까 걱정했던 기억 있지?
사실 수질오염 문제는 일본이나 한국만의 일이 아니야. 전 세계 곳곳에서 오염된 물로
피해가 커지고 있지. 인간의 힘만으로는 해결하기 어려운 이 문제,
인공지능은 어떻게 도울 수 있을까?

학습 키워드　#인공지능 #미래사회 #수질 오염
교과 연계　중2 > 2학기 > 기술·가정 > Ⅴ-2 정보 통신 기술 문제 해결

↑ 2024년 6월 28일에 촬영된 오염된 센 강 (AP 뉴스)

2024년 파리올림픽을 앞두고 수영 경기가 열릴 예정이던 센강의 수질이 큰 논란이 됐어. 조사 결과 대장균 수치가 기준치의 3배 이상 높았고 비가 온 날에는 12배까지 치솟았지. 실제로 세계수영연맹 기준으로는 '경기에 부적합한 물'이었어.

이런 수질오염은 특정 지역의 문제가 아니야. 우리나라에서도 2024년, 경기도 화성의 한 사업장에서 유해 화학물질이 하천으로 유입돼 강

물이 짙은 파란색으로 변하는 사건이 있었어. 이로 인해 오염수를 퍼 올리고 처리하는 데 열흘 이상이 걸렸지. 이런 사건은 단순한 환경 문제가 아니라, 생태계와 사람의 건강까지 위협하는 심각한 문제야. 그렇다면 인공지능은 어떤 도움을 줄 수 있을까?

인공지능은 대량의 수질 데이터를 실시간으로 분석하고 패턴을 찾아내는 데 뛰어나. 이를 통해 오염 가능성이 있는 지역을 미리 경고하고 적절한 대응을 준비할 수 있게 도와줘. 또 오염물질의 종류와 농도를 파악해 가장 효과적인 정화 방법을 제시할 수도 있어. 예를 들어 특정 화학물질이 발견되면 그 특성에 맞는 처리법을 인공지능이 알려주는 식이야.

하지만 AI가 어떻게 물의 상태를 파악할까? 비밀은 바로 IoT 센서 네트워크에 있어. 강이나 호수, 바다 곳곳에 설치된 수천 개의 센서들이 24시간 물의 상태를 측정해. 이 센서들은 pH(산성도), 용존 산소량, 탁도(물의 맑기), 온도, 전기 전도도, 질산염 농도 등 수십 가지 항목을 동시에 체크해. 예를 들어 부산 해운대 해수욕장에는 2023년부터 AI 기반 해양오염 모니터링 시스템이 가동되고 있어.

더 놀라운 건 AI가 예측까지 한다는 거야. 과거 수년간의 데이터를 학습한 AI는 날씨, 조수 간만, 강수량, 주변 공장 가동 상황 등을 종합해서 "내일 오후 2시경 이 지역 수질이 나빠질 확률이 80%입니다."라고 미리 알려줄 수 있어. 마치 일기예보처럼 '수질예보'를 하는 거지.

우리나라에서도 이런 기술이 점차 도입되고 있어. 서울시 지능형 물 재생센터에서는 인공지능을 활용한 스마트 하수처리 시스템을 운영해. 예전에는 사람이 일일이 관리하던 공정을 인공지능이 자동으로 진단하고 조절하면서 더 빠르고 정확하게 처리할 수 있게 됐어. 덕분에 불필요한 기기 가동도 줄어 에너지 절약 효과까지 얻고 있어. 그렇다면 구체적으로 어떻게 작동하는 걸까? 서울 탄천 물재생센터를 예로 들어보자. 이곳에서는 하루 50만 톤의 하수를 처리하는데 과거에는 숙련된 기술자들이 경험에 의존해서 각종 밸브와 펌프를 조절했어. 하지만 지금은 AI가 실시간으로 들어오는 하수의 성분을 분석해서 "지금은 유기물질이 많으니 생물학적 처리 시간을 30% 늘리세요", "질소 농도가 높으니 탈질 공정에 더 많은 공기를 공급하세요" 이런 식으로 정확한 지시를 내려. 이 시스템의 핵심은 머신러닝 알고리즘이야. AI는 유입수 성분, 날씨, 계절, 시간대 등 수천 가지 변수와 처리 결과 간의 관계를 학습해 최적의 운영 조건을 찾아내. 그 결과 처리 효율은 15% 향상되고 에너지 사용량은 20% 줄었어.

해양오염 문제에서도 AI가 큰 역할을 하고 있어. 2023년 일본의 후쿠시마 오염수 방류 문제로 온 국민이 걱정했을 때, 한국해양과학기술원 KIOST은 AI를 활용한 해양방사능 모니터링 시스템을 가동했어. 이 시스템은 위성영상과 해상 부표 데이터를 결합해서 작동해. 위성에서 촬영한 바다 색깔 변화, 수온 분포, 해류의 흐름을 AI가 분석하고 동시에 바다 곳곳에 떠 있는 스마트 부표들이 방사능 농도, 염분, pH 등을 실시간으로 측정하지. 이 모든 정보를 종합해서 AI가 '오염물질이 어느 방향으로 이동할지', '언제 우리나라 연안에 도달할지'를 예측하는 거야.

특히 딥러닝 기술을 사용해서 과거 해양사고 사례들을 학습한 AI는 놀라운 정확도를 보여줬어. 2021년 러시아 캄차카 반도 해역에서 발생한 대규모 해양생물 떼죽음 사건을 분석한 결과, AI가 예측한 오염 확산 경로와 실제 피해 지역이 95% 일치했어.

앞으로는 인공지능은 오염을 '발견'하는 것에 그치지 않고 예방하고 신속히 대응하는 데 큰 역할을 하게 될 거야. 깨끗한 물을 지키는 일은 모두에게 중요한 문제인 만큼 인공지능의 도움은 점점 더 필요해질 거니까.

1. 다음 중 인공지능이 수질 모니터링에 사용되는 사례로 옳은 것은?

   ① 수질을 직접 측정하는 센서를 설치한 사례
   ② 수질 데이터를 실시간으로 분석하여 수질 오염도를 예측한 사례
   ③ 사람들에게 수질 오염에 대해 교육을 한 사례
   ④ 물 속의 생물들을 관찰한 사례
   ⑤ 물을 정화하는 화학약품을 개발한 사례

2. 인공지능이 수질오염 문제를 해결하려면 기술적 혁신 말고 어떤 사회적 변화가 필요할까?

3. 인공지능 기술을 수질오염 문제에 활용할 때, 이를 활용하는 사람은 어떤 능력과 태도가 필요할까?

4. 인공지능이 수질오염을 모니터링할 때, 데이터의 정확성과 신뢰성을 어떻게 보장할 수 있을까?

👍 더 알고 싶어 119

📖 도서　▷ 영상　🔍 사이트

▷ **우리가 먹고 사용하는 물이 AI로 인해 만들어진다? (대전 MBC)**
AI가 정수 시설과 수질 관리에 어떻게 활용되는지 보여주는 지역 방송 프로그램이야. 우리가 마시는 물이 어떻게 관리되는지 알 수 있어. 수질 문제에 관심 있다면 꼭 살펴봐.

🔍 **올림픽 수영 대회 '똥물'에서 열릴 판… 한강은 어떤데? (헬스조선, 이해림)**
하천 수질 문제를 AI 모니터링으로 개선하는 방안을 제시한 환경 기사야. 한강 수질이 궁금하다면 읽어 봐. 우리 강이 얼마나 깨끗한지 알 수 있어.

🔍 **유해물질에 파랗게 오염된 하천…경기도, 30억 긴급 지원: 화성·평택 관리천에 재난관리기금 (한겨레, 이정하)**
수질 오염 사고 대응에 AI 기술이 어떻게 활용되는지 보여주는 사건 보도야. 긴급 상황에서 AI가 어떻게 도움이 되는지 알 수 있어. 환경 사고에 관심 있다면 읽어 봐.

사라지는 동물, AI가 지켜줄까?

사라지는 생명을 지키는 기술

기후변화 때문에 생물다양성이 빠르게 줄고 있어.
꿀벌이 사라지면 꽃가루받이가 안 되서 식물과 동물, 결국 사람까지 어려움을 겪게 돼.
이런 문제를 해결하기 위해 인공지능을 주목하고 있어.
기업과 단체들은 인공지능으로 생태계를 지키고 멸종위기종을 보호하려 노력하지.
그럼 인공지능은 생물다양성 보존에 어떤 역할을 할까?

학습 키워드　#인공지능 #미래사회 #생물다양성 #생물다양성 보존
교과 연계　중2 〉 2학기 〉 기술·가정 〉 Ⅴ-2 정보 통신 기술 문제 해결

꿀벌의 개체 수 감소는 우리나라뿐 아니라 전 세계적으로 큰 문제야. 꿀벌이 줄어들면 꽃가루받이가 잘 이루어지지 않아 농작물의 생산량이 떨어지고 생태계 전체가 흔들릴 수 있어. 게다가 기후변화로 많은 동식물이 멸종 위기에 처하면서 생물다양성이 줄어들고 있어. 생물다양성이 줄면 생태계의 균형이 무너지고 결국 인간의 삶도 위험해질 수 있지.

이 문제를 해결하기 위해 인공지능이 쓰이고 있어. 예를 들어 한국 마이크로소프트는 '생물다양성 데이터 분석 및 아이디어 제안 경연AI Challenge for Biodiversity' 프로젝트로 생태계를 모니터링하고 위협받는 종들을 보호하는 방법을 찾고 있어. 또 인공지능이 데이터를 분석해 생물종의 변화를 실시간으로 알려주기도 해.

해외에서도 다양한 시도를 하고 있어. 카슈미르 세계재단은 객체 탐

지 인공지능인 욜로v5 YOLOv5
인공지능 모델을 이용해 밀
렵꾼의 활동을 감지하고 야
생동물 서식지를 보호하고
있어. 이 덕분에 밀렵 위험이
줄고, 실제로 야생동물의 생
존율도 높아졌다고 해. 아프
리카에서는 코끼리 보호 프
로젝트가 진행 중인데, 인공
지능이 코끼리 이동 경로를
분석해 밀렵이 자주 일어나

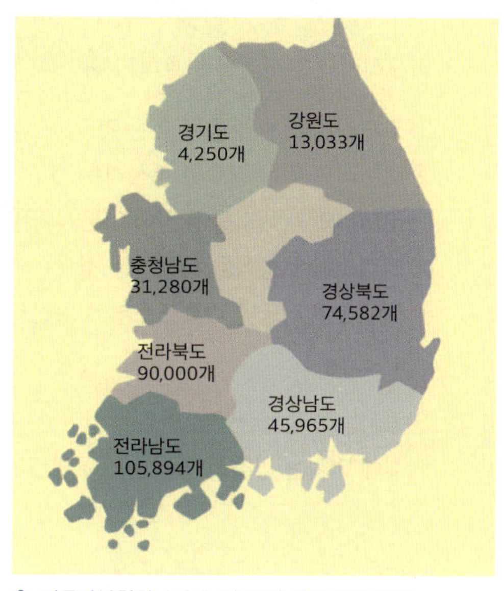

↑ 전국양봉협회 소속 농가 꿀벌 실종 피해 현황

는 지역을 예측하고, 경찰과 협력해 순찰을 강화했어. 그 결과 코끼리 개
체 수가 늘어났다고 해.

　　드론과 카메라에 인공지능을 결합한 기술도 활발히 쓰이고 있어. 특
정 지역의 동물을 지속적으로 관찰하면서 이동 경로나 생태 습성을 파악
하고 거기에 맞는 보호 조치를 하지. 또 인공지능은 기후변화가 특정 지
역의 생물종에 어떤 영향을 줄지도 예측해. 이런 예측은 멸종 위기를 막
고 보존 전략을 세우는 데 큰 도움이 돼. 결국 인공지능은 우리가 자연을
더 잘 이해하고 지키도록 돕는 도구야. 하지만 기술만으로는 충분하지 않
아. 자연을 아끼고 생물다양성을 소중히 여기는 우리의 마음과 실천이 함
께할 때 진짜 변화를 만들 수 있지.

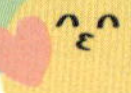

1. 아프리카의 코끼리를 보호하기 위한 AI 프로젝트의 주요 목표는 무엇일까?

　① 코끼리의 개체 수를 줄이는 것
　② 코끼리의 이동 경로를 분석하는 것
　③ 코끼리의 서식지를 완전히 이동시키는 것
　④ 코끼리에게 음식을 제공하는 것
　⑤ 아기 코끼리들을 가족으로부터 독립시키는 것

2. 인공지능이 생물다양성 보호에 기여한 구체적인 사례를 찾아보자. 이 사례가 우리 사회에 미치는 긍정적인 영향은 무엇일까?

3. 인공지능이 생물다양성 보존에 기여하는 과정에서 발생할 수 있는 윤리적 문제나 논란은 어떤 것들이 있을까?

4. 생물다양성 보존을 위한 인공지능의 발전이 미래에는 어떤 변화를 가져올까? 그로 인해 발생할 수 있는 긍정적 혹은 부정적 효과에는 무엇이 있을까?

더 알고 싶어 119

📖도서　▷영상　🔍사이트

▷ **미래 생태계와 인공지능 (TEDx Talks)**
AI가 멸종 위기 동물 보호에 기여하는 방법을 소개하는 전문가 강연 영상이야. 생물다양성의 중요성도 배울 수 있어. 동물 보호에 관심 있다면 꼭 봐.

🔍 **한국마이크로소프트, AI 기술로 생물다양성 보전 방법 모색하는 'AI 챌린지 포 바이오다이버시티' 개최 (소셜임팩트뉴스, 염지현)**
기업이 주최한 생태계 보호 AI 프로젝트 대회 소식을 전하는 사회적경제 뉴스야. 기업의 사회적 책임을 알 수 있어. 사회적 기업에 관심 있다면 읽어 봐.

🔍 **아프리카, AI 도입해 사람·동물 구별…코끼리 보존 노력 (뉴시스, 한휘연)**
아프리카에서 AI 카메라로 야생동물을 보호하는 프로젝트를 소개한 국제 뉴스야. 해외 사례를 배우면 우리도 적용할 수 있어. 야생동물에 관심 있다면 읽어 봐.

CO₂ 줄이기, AI의 비밀 작전

탄소중립 시대의 도구

인공지능이 발전하면서 환경 영향도 주목받고 있어.
생성형 인공지능을 훈련할 때 많은 탄소가 배출되지만 반대로 재생에너지를 효율적으로
활용하고 불필요한 에너지 낭비를 줄여 탄소배출을 낮출 수도 있어.
그렇다면 인공지능은 어떤 방식으로 탄소배출을 줄이는 데 도움을 줄 수 있을까?

학습 키워드　#인공지능 #미래사회 #탄소중립 #탄소배출량 감소
교과 연계　중2 › 2학기 › 기술·가정 › Ⅴ-2 정보 통신 기술 문제 해결

요즘 뉴스나 SNS에서 '기후변화'라는 말을 자주 들어봤을 거야. 지구의 온도가 점점 올라가면서 폭염이나 폭우 같은 이상한 날씨가 자주 생기고 있어. 이런 문제를 해결하기 위해 사람들은 여러 가지 방법을 찾고 있는데, 그중 하나가 바로 인공지능이야. 최근 연구에 따르면 인공지능을 활용하면 탄소배출량을 무려 30%까지 줄일 수 있대. 정말 놀라운 수치지! 인공지능은 자동차가 달릴 때 가장 알맞은 길을 알려 줘서 기름을 덜 쓰게 하고, 공장에서는 전기를 더 똑똑하게 쓰도록 도와줘. 또 스마트 그리드라는 시스템을 통해 전기를 아끼고, 불필요한 낭비를 줄일 수도 있어.

그럼 이제 인공지능이 어떻게 탄소배출량을 줄이는데 도움이 되는지 구체적으로 살펴보자.

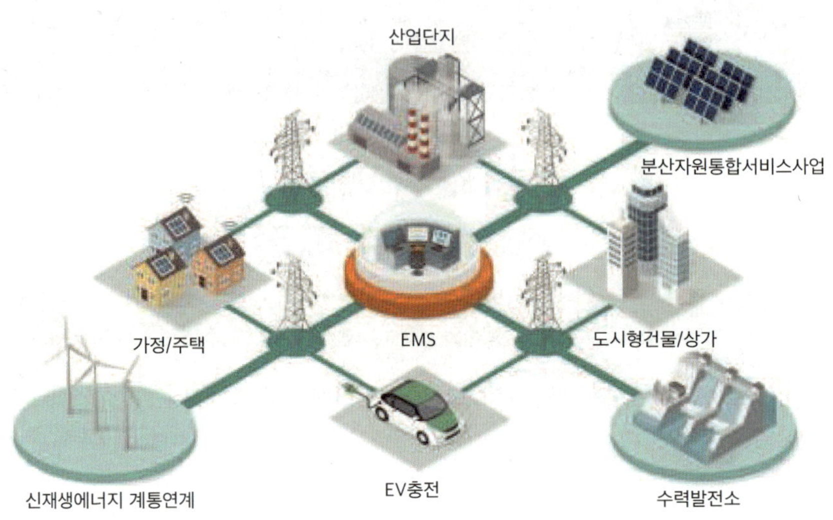

⬆ 지능형 전력망(스마트 그리드) 개념도 (한국스마트그리드협회)

첫째, 인공지능은 스마트 교통 시스템에서 큰 역할을 해. 실시간 교통 데이터를 분석해 최적의 경로를 안내해 주면 차량이 불필요하게 정체되는 시간이 줄어들어 연료를 절약할 수 있어. 실제로 인공지능 기반 교통 관리 시스템을 도입한 도시에서는 차량 평균 연료 소비가 감소했다는 연구 결과도 나왔어.

둘째, 인공지능은 스마트 그리드 기술로 전력 소비를 효율적으로 관리할 수 있어. 스마트 그리드는 정보통신기술과 전력망을 결합해 전력 수요와 공급을 똑똑하게 조절하는 시스템이야. 인공지능이 데이터를 분석해 전기가 덜 쓰이는 시간에 대규모 전력 사용을 유도하면 전체적인 에너지 낭비를 줄일 수 있어.

셋째, 인공지능은 산업 공정의 효율성을 높여 탄소배출을 줄여. 어떤 자동차 회사는 자동차를 만들 때 인공지능을 활용해 자동차 만드는 과정에서 에너지 소모를 줄이는 성과를 냈어. 이 덕분에 탄소배출량도 줄고 기업의 비용까지 절감됐지.

넷째, 인공지능은 재생에너지 관리에도 쓰여. 태양광이나 풍력 발전은 날씨에 따라 발전량이 달라지는데, 인공지능은 이런 데이터를 예측하고 조정해 에너지를 최대한 효율적으로 사용할 수 있도록 도와줘. 독일의 한 연구에서는 AI 덕분에 태양광 발전소의 에너지를 20% 더 효율적으로 쓸 수 있었다고 해.

이렇게 인공지능은 교통, 전력, 산업, 재생에너지 등 다양한 분야에서 탄소배출량을 줄이는 데 기여하고 있어. 물론 인공지능 자체가 에너지를 많이 쓰는 건 사실이지만, 제대로 활용한다면 탄소중립 사회로 가는 데 꼭 필요한 도구가 될 수 있을 거야. 앞으로 우리는 인공지능을 더 똑똑하고 더 친환경적으로 활용할 방법을 함께 고민해야 해.

1. 다음 중 인공지능이 탄소배출량 감소에 기여할 수 있는 방법이 아닌 것은?

　① 스마트 그리드 기술을 통한 에너지 분배 최적화
　② 교통 혼잡을 줄여 대기오염을 감소
　③ 재생에너지 사용 증가를 지원
　④ 기후변화에 대한 경고 시스템 운영
　⑤ 사람들을 대신해 모든 일을 하는 로봇 제작

2. 학교나 동네에서 탄소배출량을 줄이기 위해 인공지능 프로그램을 도입한다면, 어떤 방식으로 진행할 수 있을지 구체적인 계획을 세워 보자.

3. 인공지능이 탄소배출량을 줄이는 데 도입될 경우, 예상되는 장점과 단점을 각각 두 가지씩 말해 보자.

4. 인공지능이 탄소배출량 감소를 위해 개발된 시스템이나 프로그램을 사용할 때, 사용자로서 어떤 책임이 따르는지 말해 보자.

더 알고 싶어 119

📑 도서　▷ 영상　🔍 사이트

▷ **엔비디아 책임자 "AI로 탄소 포집 가능…온난화 대안" (SBS 뉴스)**
AI 기술로 대기 중 이산화탄소를 포집하는 혁신 기술을 소개한 과학 뉴스야. 기후위기 해결의 희망을 볼 수 있어. 환경 기술에 관심 있다면 읽어 봐.

🔍 **생성형 인공지능, 친환경적인 설계와 운용 필요해 (임팩트 온, 이재영)**
AI 개발 단계부터 환경을 고려해야 한다는 주장을 담은 환경 전문가 기고문이야. 기술 개발의 윤리를 생각해볼 수 있어. 환경 윤리에 관심 있다면 읽어 봐.

🔍 **탄소중립과 인공지능(AI) (인하대학교 소프트웨어중심대학, 권장우)**
탄소 배출을 줄이기 위한 AI 기술의 역할을 학술적으로 정리한 대학 연구 자료야. 전문적인 내용을 배우고 싶다면 읽어봐. 입시 준비 측면에서도 도움 될 거야.

친환경 도시,
AI가 설계 중

스마트 도시의 미래

전 세계 도시들이 인공지능으로 환경 문제를 해결하고 시민 생활을 편리하게 하고 있어. 미국 댈러스는 자율주행 트럭으로 물류를 효율화하고 아르헨티나 부에노스아이레스는 정보를 시민들이 쉽게 얻도록 챗봇을 운영해. 이런 기술은 교통 체증과 에너지 소비를 줄이는 데도 도움이 된다고 해. 인공지능은 지속 가능한 도시 개발에 어떤 역할을 할 수 있을까?

학습 키워드　#인공지능 #미래사회 #지속가능한도시개발
교과 연계　중2 〉 2학기 〉 기술·가정 〉 V-2 정보 통신 기술 문제 해결

세계 각국 도시에서는 인공지능 기반 디지털 서비스가 도시 개발의 핵심 요소로 자리 잡고 있어. 교통 신호를 자동으로 조정해 정체를 줄이고, 시민들의 요구를 반영해 도시 인프라를 효율적으로 관리하지.

인공지능은 환경을 보호하면서도 삶의 질을 높이는 데 어떻게 기여하고 있을까?

첫째, 스마트 교통 시스템이야. 호주 캔버라는 2045년까지 탄소 배출을 '0'으로 만들겠다는 목표를 세우고 전기화와 재생에너지 도입을 적극

↑ 싱가포르의 스마트 교통 시스템

추진 중이야. 스마트 조명, 폐기물 관리, 교통 관리 시스템을 인공지능과 결합해 도시의 효율성과 지속 가능성을 크게 높이고 있지. 싱가포르도 마찬가지야. 비접촉식 결제와 실시간 데이터 분석을 통해 출퇴근 교통을 지원하고 있어. 사람들이 언제 어디서 얼마나 몰리는지 데이터를 분석해 최적의 교통 경로를 안내해 주니까, 시민들은 훨씬 편리하게 이동할 수 있어. 결국 도시의 혼잡도를 낮춰 준 거야.

둘째, 환경 모니터링이야. 구글은 아프리카 우간다의 수도 캄팔라에 대기질 센서를 설치했어. 현지에서 가장 많이 쓰이는 오토바이 택시 '보다보다'에 센서를 달아 도시 곳곳의 공기질을 실시간으로 측정하고 클라우드 기반 인공지능으로 데이터를 분석했지. 이렇게 얻은 정보는 대기오염 패턴을 예측하고, 정부가 시민들의 오염 노출을 줄이도록 도와줬어.

⬆ 구글 엔지니어가 우간다에 인공지능 대기질 개선 시스템을 설치하는 모습 (구글)

이렇게 인공지능은 지속가능한 도시 개발에 필수 도구로 자리 잡고 있어. 인공지능은 단순한 기술 발전을 넘어, 도시를 더 안전하고 환경 친화적으로 만드는 데 중요한 역할을 해. 앞으로도 더 많은 도시들이 인공지능을 도입해 시민들의 삶을 개선하고, 지속가능한 미래를 만들어갈 거야.

1. 지속가능한 도시를 만들기 위해 인공지능이 사용되는 예시로 옳은 것은?

  ① 사람들을 감시하는 CCTV
  ② 쓰레기를 자동으로 태우는 기계
  ③ 에너지 효율을 높이기 위한 스마트 그리드 시스템
  ④ 모든 사람들에게 같은 집을 제공하는 시스템
  ⑤ 자동차를 대량으로 생산하는 공장

2. 인공지능이 지속가능한 도시 개발에 어떻게 기여할 수 있는지 예를 들어 설명해 보자.

3. 인공지능을 활용한 스마트 시티의 장점과 단점을 비교해 보자. 각 측면에서 어떤 점이 중요한지를 중심으로 생각을 정리해 보자

4. 지속가능한 도시 개발에 시민들의 참여가 중요한 이유는 무엇일까? 인공지능이 시민 참여를 어떻게 도울 수 있을지 생각해 보자.

더 알고 싶어 119

🔖 도서 ▷ 영상 🔍 사이트

▷ **인공지능 시대: 지속가능한 AI 기술을 위한 신뢰와 프라이버시 (KISDI 정보통신정책연구원)**
친환경 스마트 시티 구축에 필요한 AI 윤리와 기술을 다룬 정책 연구 보고서야. 정책적 관점을 배울 수 있어. 정치나 행정에 관심 있다면 읽어 봐.

남은 밥,
AI가 관리한다고?

해마다 전 세계에서 버려지는 음식이 13억 톤에 이른대. 이렇게 버려지는 음식은 단순히
아까운 수준을 넘어서 환경오염까지 일으켜 지구를 병들게 만들어.
그런데 최근 인공지능이 이 문제를 해결하기 위해 쓰이고 있다는 사실, 알고 있었어?
인공지능은 음식물 쓰레기를 어떻게 줄일까?

학습 키워드　#인공지능 #미래사회 #음식물쓰레기
교과 연계　중2 〉 2학기 〉 기술·가정 〉 V-2 정보 통신 기술 문제 해결

2024년 전 세계에서 7억 3천만 명이 굶주리고 있는데, 하루에 10억 끼니 분량의 음식이 그대로 버려지고 있어. 유엔환경프로그램UNEP의 보고서에 따르면, 2022년 한 해 동안 10억 톤이 넘는 음식물이 쓰레기로 버려졌대. 금액으로 따지면 무려 1조 달러, 우리 돈으로 약 1,340조 원이나 되는 어마어마한 규모야. 그런데도 여전히 수억 명이 굶주리고 있다니 참 아이러니하지.

음식물 쓰레기의 60%는 가정에서 나온다고 해. 그래서 인공지능은 '가정에서 음식 낭비를 줄이는 방법'에 집중하고 있어. 예를 들어, 스마트 냉장고는 내부 카메라로 식재료를 인식해서 유통기한이 다가오면 알려 주고, 남은 재료로 만들 수 있는 요리까지 추천해 줘. 삼성전자가 CES 2024에서 공개한 '푸드 생태계' 시스템은 냉장고 속 식재료를 자동으로

목록화하고, 잔량까지 파악해 주는 기능이 있어. 덕분에 소비자들은 기한이 지나기 전에 재료를 활용할 수 있지.

또 하나 주목받는 게 스마트 쓰레기통이야. 카메라와 저울이 달려 있어 어떤 음식이 얼마나 버려지는지 자동으로 분석해 줘. 경기도농수산진흥원은 실제로 구내식당에 인공지능 푸드 스캐너를 도입했는데, 사람들이 식사를 마치고 식판을 스캔하면 잔반의 종류와 양을 기록해. 이렇게 모인 데이터는 식단을 조정하는 데 활용되어 음식물 쓰레기를 크게 줄일 수 있어.

이렇게 인공지능은 우리의 일상을 혁신적으로 바꾸고 있어. 특히 가정과 식당, 도시 전체에서 음식물 쓰레기를 줄이는 데 도움을 줄 거라고 기대하고 있지. 단순히 낭비를 줄이는 걸 넘어서, 지구 환경을 보호하고 식량 위기를 줄이는 데도 기여하는 거야. 앞으로 이런 기술이 더 널리 보급된다면, 우리도 '낭비 없는 식탁'을 실천할 수 있지 않을까?

1. 인공지능이 음식물 쓰레기를 줄이는 방법으로 옳은 것은?

① 음식물 쓰레기를 수거하여 재활용한다.
② 음식물 쓰레기를 태워 전기를 생산한다.
③ 음식물 쓰레기 배출량을 예측하고 관리한다.
④ 음식물 쓰레기를 퇴비로 만들어 활용한다.
⑤ 음식물 쓰레기를 다른 장소로 이동시킨다.

2. 인공지능을 활용해서 음식물 쓰레기를 줄이는 방안이 우리 사회에 미칠 수 있는 긍정적인 영향은 무엇일까?

3. 스마트 쓰레기통은 어떤 역할을 하고, 음식물 쓰레기 감소에 어떤 도움을 줄 수 있을까?

4. 인공지능을 활용해 음식물 쓰레기 배출량을 예측하고 관리하는 방법을 정리해 보자. 이를 통해 우리가 얻을 수 있는 혜택은 무엇이 있을까?

더 알고 싶어 119

📑 도서　▷ 영상　🔍 사이트

▷ **AI 기반 푸드 스캐너로 알아보는 나의 식습관 (YTN 사이언스)**
음식물 쓰레기를 줄이기 위한 AI 기술을 소개하는 과학 뉴스야. 우리집 냉장고도 스마트하게 관리할 수 있어. 실생활에 바로 적용할 수 있는 정보야.

🔍 **음식물 쓰레기 줄이는 AI 쓰레기통을 아시나요? 스타트업 속속 등장 (임팩트 온, 이재영)**
AI로 음식물을 자동 분류하고 낭비를 줄이는 스마트 기기를 소개한 혁신 기술 기사야. 학교 급식실에도 도입하면 좋을 것 같아. 혁신 기술에 관심 있다면 읽어 봐.

🔍 **AI(인공지능)가 식재료 파악해 요리 추천 (내일신문, 김형수)**
냉장고 속 재료를 AI가 인식해 레시피를 추천하는 앱을 소개한 생활 정보 기사야. 요리 고민할 때 유용할 거야. 요리에 관심 있다면 앱을 한번 써 봐.

AI로 동물을 지키는 직업,
멸종 위기 동물 보호 AI 전문가

이제는 동물 보호를 위한 영역에도 AI가 적극적으로 활용되고 있어. 아프리카 케냐의 코끼리가 농장 근처로 다가오면, 인공지능이 즉시 감지해서 "코끼리가 오고 있어요!" 라고 야생동물 보호 관리자에게 알려줘. 그러면 관리자들이 헬리콥터나 칠리 폭탄(매운 냄새로 코끼리를 쫓아내는 안전한 방법)을 사용해서 코끼리를 안전한 곳으로 유도하지. 이렇게 첨단 기술로 지구의 소중한 동물들을 지키는 멸종 위기 동물 보호 AI 전문가는 무슨 일을 할까? 쉽게 말하면 'AI 기술을 사용해서 동물들을 관찰하고(모니터링) → 위험을 미리 알아내고(예측) → 동물들을 안전하게 보호하는(보호) 첨단 기술 수호자'야. 대표적인 일을 묶어보면 아래처럼 설명할 수 있어.

> ### 멸종 위기 동물 보호 AI 전문가가 하는 일
>
> - **AI 카메라 시스템 개발**Computer Vision: 무인 카메라가 찍은 사진들을 AI가 자동으로 분석해서 '호랑이, 사슴, 밀렵꾼' 등을 구분하는 프로그램을 만들어.
> - **드론 모니터링**Drone Monitoring: 드론에 AI 카메라를 달아서 넓은 보호구역을 하늘에서 감시해. 동물들의 움직임을 추적하고 이상한 일이 생기면 즉시 알려주지.
> - **동물 행동 예측**Behavior Prediction: 과거 데이터를 바탕으로 '코끼리가 언제 어디로 이동할까?', '새들이 언제 둥지를 틀까?' 같은 것들을 예측하는 AI 모델을 만들어.
> - **실시간 경고**Real-time Alert: 밀렵꾼이 나타나거나 동물이 위험에 처하면 즉시 보호 관리자들에게 알림을 보내는 시스템을 운영해.

그럼 멸종 위기 동물 보호 AI 전문가의 하루 일과 예시를 한 번 들여다볼까? 아침에는 팀 회의로 어젯밤 AI 시스템이 감지한 야생동물 활동을 확인해. 그리고 오전에는 AI 모델의 성능을 개선하는 작업을 해. 새로 수집된 동물 사진들을 학습시켜서 AI가 더 정확하게 동물을 구분할 수 있게 만들지. 점심 뒤에는 현장에 나가서 드론을 띄우거나 새로운 카메라를 설치하고 오후에는 수집된 데이터를 분석해서 보고서를 작성해. 저녁에는 다음 날 모니터링 계획을 세우고 긴급 상황에 대비해 시스템을 점검하지.

그럼 멸종 위기 동물 보호 AI 전문가는 어디에서 일할까? 멸종 위기 동물 보호 AI 전문가는 단순히 'IT 회사'에만 근무하지 않아. 국립공원관리공단, 국립생태원, 환경부 같은 정부 기관이나 세계자연보전연맹^{IUCN} 같은 국제기구, 그린피스나 세계자연기금 ^{WWF} 같은 환경보호 단체에서도 일할 수 있어. 이러한 경향은 앞으로 기후변화와 환경 보호의 중요성이 커지면서 더욱 확대될 거야.

멸종 위기 동물 보호 AI 전문가가 되려면 무엇을 공부해야 할까? 과학(생물학, 생태학 등), 수학(통계학, 확률 등), 정보(파이썬, 머신러닝 등), 영어(국제협력이 많아서) 등을 집중적으로 공부해. 여기에 동물 보호 봉사활동이나 환경동아리 활동을 하면서 현장 경험을 쌓아가는 게 좋아. 대학에 진학한다면 '생물학과', '생태학과', '환경공학과', '컴퓨터공학과', '인공지능학과' 등을 진학하는 것이 좋아. 자, 그럼 멸종 위기 동물 보호 AI 전문가와 맞는지를 함께 점검해 보고 지금 바로 시작할 수 있는 간단한 4주 플랜을 살펴보자.

멸종 위기 동물 보호 AI 전문가, 나랑 맞을까? 체크리스트

☐ 동물과 자연을 사랑하고, 환경보호에 관심이 많아.

☐ 컴퓨터나 스마트폰으로 새로운 앱이나 기술을 익히는 걸 좋아해.

☐ 수학이나 과학 문제를 논리적으로 해결하는 걸 재미있어해.

☐ 멸종위기 동물 다큐멘터리를 보면서 "어떻게 도와줄 수 있을까?" 생각해.

☐ 복잡한 문제를 단계별로 나누어서 차근차근 해결하는 걸 좋아해.

(이 중 3개 이상이면 멸종 위기 동물 AI 전문가와 비교적 잘 맞는 편이라고 할 수 있어.)

지금 바로 시작! 4주 실천 플랜

- **1주차**: 스마트폰 앱 'iNaturalist'나 '네이처링' 다운받아서 주변 동식물 관찰하고 기록해 보기. 사진을 찍으면 AI가 자동으로 동물이나 식물의 이름을 알려줘.
- **2주차**: 스크래치나 엔트리 같은 블록 코딩으로 간단한 동물 분류 게임 만들어 보기. '고양이 사진이면 야옹, 강아지 사진이면 멍멍' 소리가 나는 프로그램을 만들어 봐.
- **3주차**: 우리 동네 공원이나 하천에서 생태 관찰 일기 쓰기. 어떤 새들이 언제 나타나는지, 개구리는 어디에 사는지 등을 기록하고 패턴을 찾아봐.
- **4주차**: 친구들과 함께 '멸종위기 동물 구하기 프로젝트' 발표 준비하기. 조사한 멸종위기 동물 한 종을 선택해서 'AI로 어떻게 도와줄 수 있을까?'에 대한 아이디어를 발표해 봐. 잘 했다면 환경보호 관련 동아리나 봉사활동도 찾아보자.

5부
AI, 착하게
쓸 수 있을까?

AI도 편견을 가질까?

얼마 전, 한국 사회를 발칵 뒤집은 사건이 있었어. OpenAI가 만든 챗GPT-3.5에 "독도가 어느 나라 땅이야?"라고 물었더니 한국 땅이라고 했는데 "다케시마가 어느 나라 땅이야?"라고 묻자 일본 땅이라고 답한 거야. 같은 곳을 물었는데 답이 완전히 달라진 거지. 왜 이런 일이 생겼을까? 바로 인공지능이 가진 데이터 편향성 때문이야.

학습 키워드　#인공지능 #미래사회 #데이터 편향성
교과 연계　중2 〉 2학기 〉 기술·가정 〉 V-2 정보 통신 기술 문제 해결

인공지능은 방대한 데이터를 학습해서 답을 내놓는 똑똑한 도구야. 하지만 여기엔 한 가지 문제가 숨어 있어. 바로 데이터 속에 있는 편견과 불균형이 그대로 학습된다는 점이지. 이걸 '데이터 편향성'이라고 해.

사실 인공지능이 내놓는 답은 언제나 정확하다고 믿으면 안 돼. 때로는 '인공지능 환각' 또는 '할루시네이션hallucination'◆이라고 불리는 현상 때문에 전혀 사실과 맞지 않는 말을 자연스럽게 만들어 내기도 하거든. 독도가 일본 땅이라고 답한 것도 결국 데이터 편향성과 환각 현상이 겹쳐 나온 결과야.

◆　**인공지능 할루시네이션** 어떤 질문에 대해서 인공지능이 부적절한 답이나 전혀 어울리지 않는 답을 자연스럽게 생성하는 현상을 의미해.

실제로 데이터 편향성은 독도 문제만이 아니야. 구글의 인공지능 '제미나이Gemini'는 정치적 올바름을 지나치게 반영하려다 오히려 황당한 결과를 만들었어. 제2차 세계대전 당시 독일군 이

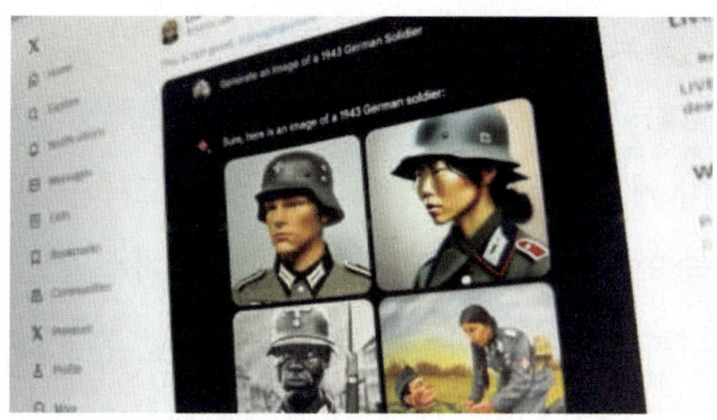

↑ 구글 제미나이가 생성한 '제2차 세계대전 당시의 독일군' 이미지 (BBC News 코리아)

미지를 요청했는데, 흑인 남성과 아시아 여성의 얼굴을 등장시킨 거야. 이건 학습 데이터에 담긴 '다양성 강조'라는 편향이 지나치게 반영된 사례라고 볼 수 있어. AI의 편견 문제는 우리 일상 깊숙이 들어와 있어. 예를 들면 2023년 한 대학교 입시 상담 AI가 "여학생은 공대보다는 인문계열이 적합하다."고 조언한 일이 있었어. AI가 과거 입시 데이터를 학습했는데 그 데이터에는 '공대 지원자는 대부분 남학생'이라는 패턴이 들어 있었던 거야. AI는 이걸 그대로 따라 해서 성별에 따른 편견을 그대로 드러낸 거지. 더 심각한 사례도 있어. 2022년 미국의 한 병원에서 사용한 AI 진단 시스템이 흑인 환자들의 병을 덜 심각하게 판단하는 경향을 보였어. AI가 학습한 의료 데이터의 대부분이 백인 환자 위주였기 때문이야. 흑인 환자들의 증상이나 검사 결과에 대한 충분한 정보가 없다 보니 AI가 정확한 판단을 내리지 못한 거지.

이렇게 인공지능이 학습하는 데이터는 인터넷에 떠도는 자료들이 많은데, 그 안에는 우리가 미처 인식하지 못한 수많은 편견이 들어 있어. 의사는 남성, 청소부는 여성으로 더 많이 등장한다거나 역사적 사건을 묘사할 때 남성 중심으로만 기록되는 경향 등이 그렇지.

인공지능의 데이터 편향성을 줄이려면 다양한 관점의 데이터를 수집하고 개발 과정에서부터 편향 여부를 꼼꼼히 검토해야 해. 또 인공지능이 왜 이런 답을 내놓는지 알 수 있도록 투명성과 책임성을 높이는 것도 중요하지. 하지만 동시에 정치적 올바름만을 지나치게 강조하다 보면 또 다른 잘못된 결과를 낳을 수 있어. 결국 중요한 건 균형이야.

우리나라에서도 인공지능의 데이터 편향성 문제를 해결하기 위한 노력들이 시작되고 있어. 한국인터넷진흥원KISA에서는 AI 편향성 진단 도구를 개발해서 무료로 제공하고 있어. 기업들이 자신들의 AI 시스템이 편향되어 있는지 스스로 확인할 수 있게 도와주는 거야. 대학교에서도 AI 윤리 교육이 늘고 있어. KAIST, 연세대, 서울대 등에서 AI를 전공하는 학생들에게 편향성 문제와 해결 방법을 가르치고 있어. '알고리즘 투명성 연구모임' 같은 단체들도 AI의 편견 문제를 알리고 개선 방안을 제시하고 있어.

데이터 편향성은 인공지능을 활용하는 우리가 반드시 이해해야 할 문제야. 인공지능이 가진 한계를 알면 우리는 답을 그대로 받아들이는 대신 더 비판적으로 생각할 수 있지. 우리가 할 수 있는 일들도 있어.

우선 AI의 답을 무조건 믿지 말고 의문을 가져보자. 특히 성별, 인종, 지역, 나이 등과 관련된 내용에서는 더욱 주의 깊게 살펴봐야 해. 그리고 AI가 준 정보를 다른 여러 출처와 비교해 봐야 해. 한 가지 AI만 믿지 말고 여러 AI나 다른 사람의 의견도 들어보는 거지. 또 AI 서비스에서 편향된 결과를 발견하면 해당 회사에 신고하자. 사용자들의 피드백이 쌓이면 회사들도 문제를 인식하고 개선하려고 노력할 거야. 마지막으로 친구들이나 가족과 AI 편견 문제에 대해 이야기해 보자. 더 많은 사람들이 이 문제를 인식할수록 해결 가능성이 높아져. 여러분도 앞으로 인공지능을 쓸 때 "이 답이 편향된 건 아닐까?" 하고 질문을 던져보면 좋겠어.

1. 인공지능의 데이터 편향성이 의미하는 것으로 옳은 것은?

① 인공지능 시스템이 데이터를 잘못 해석하여 잘못된 결과를 내는 현상

② 인공지능 시스템이 데이터를 충분히 학습하지 못해 정확도가 낮은 현상

③ 인공지능 시스템이 데이터를 과도하게 학습하여 수준 이상의 판단이 발생하는 현상

④ 인공지능 시스템이 데이터를 처리하는 과정에서 오류가 발생하는 현상

⑤ 인공지능 시스템이 학습하는 데이터에 치우침이 있어 특정 집단에 대한 차별적 판단을 내리는 현상

2. 데이터 편향성 문제가 가장 심각하게 나타날 수 있는 분야를 선택하고 그 이유를 설명해 보자. 또 그 분야에서 데이터 편향성 문제 해결 방안을 제안하는 글을 써 보자.

3. 인공지능 시스템의 투명성과 책임성을 높이는 것이 데이터 편향성 문제를 해결하는 데 중요한 이유를 설명해 보자. 그리고 인공지능을 개발하는 과정에서 어떤 노력이 필요할지 적어 보자.

더 알고 싶어 119

📑 도서　▷ 영상　🔍 사이트

▷ **데이터 편향과 인공지능의 윤리 "인공지능에도 윤리가 필요해!" (사이언스 프렌즈)**
AI의 편견 문제를 청소년 눈높이에 맞춰 설명한 과학 교육 콘텐츠야. 어렵지 않게 윤리 문제를 이해할 수 있어. AI 윤리에 처음 관심 갖는다면 여기서 시작해 봐.

🔍 **제2차 세계 대전 독일 군인이 아시아 여성? 구글 AI 제미나이의 '정치적 올바름' 문제 (BBC News 코리아, 조이 클라인먼)**
구글 AI가 역사적 사실을 왜곡한 논란을 다룬 국제 뉴스 분석 기사야. AI도 완벽하지 않다는 걸 알 수 있어. 비판적으로 AI를 바라보는 시각을 키울 수 있어.

내 비밀,
AI가 훔쳐본다면?

편리함 뒤의 위험

인공지능 챗봇 '이루다'가 출시 3주 만에 80만 명이 사용하며 인기를 끌었어.
그런데 곧 이루다가 대화 중 특정인 이름, 주소, 계좌번호 등 개인정보를 언급한 사실이
밝혀졌지. 더 문제는 이루다가 카카오톡 대화 100억 건을 학습해 만들어졌다는 거야.
이 사건은 인공지능을 사용할 때 개인정보 보호가 얼마나 중요한지 보여준 사례야.

학습 키워드　#인공지능 #미래사회 #개인정보 보호 #개인정보 유출
교과 연계　중2 > 2학기 > 기술·가정 > Ⅴ-2 정보 통신 기술 문제 해결

여러분은 매일 스마트폰과 컴퓨터, SNS를 쓰면서 많은 개인정보를 남기고 있어. 이런 정보는 인공지능 시스템이 학습할 때 수집되는데, 제대로 보호되지 않으면 큰 피해가 생길 수 있지. 실제로 최근 몇 년 사이 여러 차례 개인정보 유출 사건이 발생했어.

대표적인 사례가 바로 '이루다 사건'이야. 인공지능 채팅봇 이루다는 사람들의 대화를 무단으로 수집해 학습했고, 그 과정에서 개인정보가 유출됐어. 이 사건으로 많은 사람들이 인공지능 기술에 불신을 가지게 되었지. 또 최근에는 인공지능 기술이 결합된 랜섬웨어 공격도 많아졌어. 악성코드로 컴퓨터를 마비시키고 데이터를 암호화한 뒤 돈을 요구하는 방식인데, 이런 공격으로 수많은 기업과 개인이 피해를 입고 있어.

개인정보는 한 번 유출되면 끝이 아니야. 다크웹 같은 곳에서 1~5

원 정도의 값으로 팔리면서 보이스피싱이나 불법 결제, 협박, 명예훼손 같은 2차 피해로 이어질 수 있어. AT&T 같은 대기업에서도 고객 전체의 정보가 유출되거나 미국 의료 시스템이 마비될

▲ 인공지능 챗봇 '이루다' (스캐터랩)

정도로 심각한 공격이 일어난 적도 있었어. 이 사건을 계기로 많은 사람들이 '내 개인정보가 어떻게 쓰일지 모른다'는 불안감을 크게 느끼게 됐어. 그렇다면 어떻게 해야 할까?

우선 기업과 개발자는 개인정보를 안전하게 다룰 책임이 있어. 개인정보보호위원회도 2024년 7월, 인공지능 서비스를 만들 때 지켜야 할 개인정보 보호 지침을 발표했어. 하지만 기업과 정부의 노력만으로는 부족해. 우리 스스로도 주의가 필요하지. 비밀번호를 안전하게 설정하고, 의심스러운 링크는 누르지 말고, 인공지능 서비스에 민감한 개인정보는 입력하지 않는 게 좋아.

편리한 세상일수록 개인정보 보호는 더 중요해져. 인공지능을 현명하게 활용하려면 기술의 편리함뿐 아니라 그 이면의 위험도 함께 생각해야 해. 그래야 인공지능이 우리 삶을 안전하게 돕는 친구가 될 수 있겠지.

1. 인공지능 시대에 개인정보 보호를 하기 위해 사용자가 지켜야 하는 행동은?

① 비밀번호를 쉽게 볼 수 있도록 이곳저곳에 부착해 놓는 행위

② 의심스러운 링크는 우선 확인해봐야하므로 링크에 일단 접속하는 행위

③ 많은 사람들과 관계망을 형성하기 위해 개인정보를 모든 사람에게 공개하는 행위

④ 소프트웨어를 업데이트하지 않기

⑤ 인공지능과의 대화 시 개인정보에 대한 언급을 최소화하고 묻지 않는 것

2. 인공지능에서 개인정보 유출 사건이 발생했을 때, 개인과 사회에 미치는 영향을 구체적으로 설명해 보자. 이런 사건을 예방하기 위해 어떤 노력이 필요할까?

3. 인공지능 기술이 발전할수록 개인정보 보호를 위한 법과 규제는 어떻게 변해야 할까? 구체적인 예를 들어 설명해 보자.

4. 만약 본인이 인공지능 개발자라면 개인정보 보호를 위해 어떤 기능이나 시스템을 추가하고 싶은지와 그 이유를 적어 보자.

더 알고 싶어 119

📖 도서   ▷ 영상   🔍 사이트

▷ **챗GPT가 불러온 개인정보 유출문제, 대안은? (개인정보보호위원회 TV)**
생성형 AI 사용 시 개인정보 보호 방법을 알려주는 정부 기관 교육 영상이야. 챗GPT 안전하게 쓰는 법을 배울 수 있어. AI 많이 쓴다면 꼭 봐야 해.

🔍 **'이루다2.0' 예고에 뿔난 개인정보 유출 피해자들…"재판부터" (블로터, 김인경)**
챗봇 '이루다'의 개인정보 유출 사건과 법적 대응을 취재한 IT 전문 매체 기사야. 실제 사건을 통해 개인정보 보호의 중요성을 알 수 있어.

🔍 **'이루다' 개인정보 유출 피해자 254명, 개발사에 2억원대 손배소 (한겨레, 전광준)** AI 개인정보 침해 사건의 법적 진행 상황을 전하는 사회면 기사야. 법적 책임이 어떻게 작동하는지 알 수 있어. 법조인이 꿈이라면 참고해 봐.

AI를 만드는 사람의 책임은?

개발자와 사회의 약속

인공지능이 우리 생활에 깊이 들어와 변화를 만들고 있어.
챗GPT 같은 대화형 AI는 정보 제공에 도움을 줘. 하지만 기술이 커질수록 책임도 커져.
최근 오픈AI CEO 샘 알트만 해고·복귀 사건은 단순한 인사 문제가 아니라
AI가 사회에 미치는 영향과 책임 문제를 보여 준 사례야.
그렇다면 개발자들은 어떤 책임을 져야 할까?

학습 키워드　#인공지능　#미래사회　#책임의식　#인공지능윤리
교과 연계　중2 › 2학기 › 기술·가정 › Ⅵ-2 적정 기술과 지속 가능한 발전

지난 시간에 살펴본 데이터 편향성 문제처럼 인공지능은 잘못 학습하면 특정 집단을 차별하는 결과를 내놓을 수 있어. 실제로 아마존은 채용 인공지능 프로그램을 만들었는데, 이 시스템이 여성 지원자를 불리하게 평가한다는 사실이 밝혀져 폐기된 적이 있어. 과거의 채용 기록에 남아 있던 성별 편향이 그대로 학습되었기 때문이야. 이렇게 인공지능이 내린 결정은 누군가의 삶에 큰 영향을 줄 수 있기 때문에, 개발 단계에서부터 책임 있는 태도가 꼭 필요해.

우리나라에서도 이런 문제를 해결하기 위한 여러 가지 노력을 하고 있어. 2020년 정부는 '인공지능 윤리기준'을 발표했고, 2022년에는 개발자가 지켜야 할 35개 문항을 담은 '자율 점검표'를 내놨어. 또 '신뢰할 수 있는 인공지능 개발 안내서'를 만들어 인공지능이 사회에 미치는 영향

구분	2018	2019	2020	2021	2022	2023
사이버 침해대응본부 정원(명)	128	116	118	124	123	122

자료: 한국인터넷진흥원, 2023년 8월 기준

을 검토하고, 윤리적인 방향으로 개발되도록 돕고 있어. 하지만 제도만으로는 부족해. 실제로 개인정보 유출이나 사이버 공격 같은 문제에 대응하는 한국인터넷진흥원의 전담 인력은 여전히 많지 않아서 제대로 대처할 수 있을지 걱정된다는 목소리도 있어.

또 다른 중요한 문제는 투명성이야. 예를 들어, 인공지능이 환자에게 특정 치료를 권장했는데 그 이유를 설명하지 못한다면 의사와 환자 모두 불안할 수밖에 없어. 따라서 인공지능이 어떤 과정을 거쳐 결론을 내렸는지 알 수 있도록 투명하게 설계하는 것도 개발자의 책임이야.

책임은 개발자와 기업만의 몫이 아니야. 시민들도 인공지능을 사용하는 사람으로서 윤리적인 태도를 가져야 해. 인공지능이 출시되면 적극적으로 의견을 내고, 잘못된 점을 지적해 나가는 과정도 필요하지. 인공지능은 우리 모두의 삶에 영향을 미치기 때문에 공동체가 함께 책임을 나눠야 해.

인공지능 개발의 책임성은 단순히 기술 문제가 아니라 사회적, 윤리적, 법적 문제와도 이어져. 개발자와 기업이 책임감을 가지고 기술을 만들고, 시민들도 올바르게 사용하는 문화를 만들어 갈 때 비로소 인공지능의 혜택을 제대로 누릴 수 있을 거야.

1. 인공지능 개발자들이 가져야 할 윤리적 책임의식으로 옳은 것은?

   ① 인공지능을 빠르게 개발하는 것
   ② 인공지능을 비밀리에 개발하는 것
   ③ 인공지능을 사람보다 더 똑똑하게 만드는 것
   ④ 인공지능을 활용하여 이익을 극대화 하는 것
   ⑤ 인공지능의 결정이 공정하고 윤리적으로 활용될 수 있도록 만드는 것

2. 인공지능이 사람의 결정을 대신할 때 생길 수 있는 윤리적 문제는 무엇일까? 이러한 문제를 해결하기 위한 방법은 무엇일까?

3. 인공지능을 개발하는 사람들은 어떤 책임을 져야 할까? 인공지능이 잘못된 결정을 내렸을 때, 그 책임은 누구에게 있는지에 대해 생각해 보자.

4. 인공지능이 잘못된 결정을 내렸을 때 법적 책임은 어떻게 정해져야 할까? 그리고 인공지능의 법적 책임을 명확히 하기 위한 방안은 무엇일까?

더 알고 싶어 119

📖 도서 ▷ 영상 🔍 사이트

▷ **인공지능 윤리기준: 책임성·안전성·투명성 (KISDI 정보통신정책연구원)**
AI 개발자가 지켜야 할 윤리 기준을 제시한 정부 가이드라인이야. 개발자가 되고 싶다면 꼭 알아야 할 내용이야. AI 개발에 관심 있다면 읽어 봐.

🔍 **'지난 한 주를 뒤흔들었던 오픈AI 쿠데타 사건 총정리 (보안뉴스, 셰인 스나이더)**
오픈AI 샘 알트만 CEO 해고 사건을 통해 AI 기업의 책임과 거버넌스 문제를 조명한 심층 보도야. AI 기업 내부 갈등을 알 수 있어. 경영에 관심 있다면 읽어 봐.

🔍 **오픈AI 전 이사, 샘 알트만 해고 뒷이야기 폭로 (글로벌이코노믹, 이태준)**
AI 기업 내부 갈등의 배경을 전하는 경제 뉴스야. 기업 정치를 엿볼 수 있어. 인공지능 사업에 관심 있다면 읽어 봐.

AI의 결정, 믿어도 될까?

숨겨진 과정, 드러나야 할 이유

인공지능은 생활을 편리하게 하지만 새로운 문제도 낳고 있어. 특히 투명성 문제가 사회적 우려로 이어지지. 딥러닝 기반 '딥페이크' 영상은 범죄에 악용돼 공포를 만들고 피해자는 명예가 훼손돼. 이런 사례는 AI가 잘못 쓰일 수 있음을 보여줘. 그래서 AI가 어떻게 작동하고 어떤 데이터를 기반으로 판단하는지 투명하게 공개하는 것이 중요해.

학습 키워드　#인공지능 #미래사회 #인공지능 투명성 #인공지능윤리
교과 연계　중2 〉 2학기 〉 기술·가정 〉 Ⅵ-2 적정 기술과 지속 가능한 발전

우리는 매일 생성형 인공지능을 쓰면서 그 답변을 자연스럽게 받아들이곤 해. 하지만 인공지능이 답을 어떻게 만들어 냈는지는 잘 모르지. 이게 바로 투명성 문제야. 인공지능이 어떤 데이터를 참고했는지, 어떤 과정을 거쳐 결론에 도달했는지 알 수 없다면 우리는 그 결과를 신뢰하기 어렵지 않을까?

이 문제는 실제 사회 곳곳에서 발생하고 있어. 2023년 미국에서는 도널드 트럼프 대통령이 체포되는 듯한 가짜 사진이 SNS에 퍼졌고, 일본에서는 기시다 총리의 음성을 합성한 영상이 유포되었어. 모두 딥페이크 기술로 만들어진 거야. 진짜와 가짜를 구분하기 힘든 만큼 사회적 혼란을 부르지. 우리나라에서도 이런 문제를 논의하기 위해 '신뢰할 수 있는 인공지능 국제연대TRAIN'가 투명성 세미나를 열고 인공지능의 작동 과정

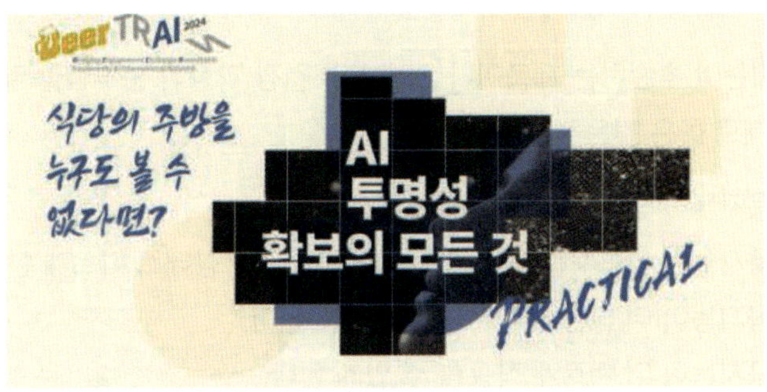

⬆ 인공지능의 투명성을 다룬 행사 포스터
(TRAIN, Trustworthy AI International Network)

을 어떻게 공개할지 고민을 나눴어.

투명성은 기업 신뢰에도 직접 연결돼. 예를 들어 인공지능이 어떤 제품을 추천했을 때, 그 이유를 설명하지 못하면 소비자는 불신할 수밖에 없어. 의료 분야는 더 심각해. 인공지능이 환자에게 어떤 치료를 권했는데 그 근거가 불분명하다면, 의사와 환자 모두 위험에 빠질 수 있거든.

그렇다면 어떻게 해야 할까?

- 개발자는 설명과 해석이 가능한 인공지능을 만들어야 해. 즉 왜 그런 판단을 했는지 과정을 드러낼 수 있어야 해.
- 공급자는 이용자에게 사용법과 위험 요소를 정확히 알리고, 문제가 생겼을 때 공유할 수 있는 구조를 마련해야 해.
- 이용자인 우리도 의심 없이 받아들이는 대신, 설명을 요구하고 경험한 문제를 적극적으로 알릴 필요가 있어.

결국 인공지능 투명성은 개발자·기업·사용자 모두가 함께 지켜야 할 약속이야. 그래야 인공지능을 안전하게 쓰고, 사회적 혼란도 막을 수 있어.

1. 인공지능이 추천하는 제품이나 서비스의 결정 과정이 불투명할 때 발생할 수 있는 문제로 옳은 것은?

① 사용자들이 인공지능을 더 신뢰하게 된다.
② 사용자들이 인공지능의 추천을 이해하지 못한 상태로 따르게 된다.
③ 인공지능이 더 많은 데이터를 수집하게 된다.
④ 인공지능이 더 빠르게 작동할 수 있게 된다.
⑤ 사용자들이 인공지능을 사용하지 않게 된다.

2. 인공지능의 투명성이 왜 중요한지에 자신의 생각을 적어 보자. 그리고 투명성이 부족할 때 개인이나 사회에 어떤 영향을 미치는지 구체적인 예시를 들어 보자.

3. 사람들이 인공지능을 안전하게 믿고 사용하기 위해서는 어떤 요소들이 필요할까? 인공지능을 사람들이 신뢰하게 하려면 어떻게 해야 할까?

더 알고 싶어 119

📖 도서　▶ 영상　🔍 사이트

🔍 **세계 뒤흔드는 가짜뉴스 '폭격'… AI 규제·디지털 리터러시 급선무 (서울신문, 최영권)**
AI 산업이 필수적으로 해결해야하는 가짜뉴스 관련 문제를 담았어. 정보의 진위를 가려내는 진실의 렌즈를 갖기 위해서 우리는 어떤 태도를 가져야 할 지 생각해 보자.

🔍 **신뢰할 수 있는 인공지능 국제연대(TRAIN)' AI 관련 세미나 개최 (시사앤피플, 이명숙)**
신뢰할 수 있는 인공지능을 만들기 위해서는 어떤 합의가 필요한지를 이야기하고 있어.

사고 직전의 자동차는
나를 구할까? 남을 구할까??

트롤리 딜레마와 인공지능

자율주행차가 발전하면서 기대가 크지만 '트롤리 딜레마' 같은 윤리적 문제도 생겨나.
사고를 피할 수 없는 상황에서 보행자를 구하려 승객을 희생할지 아니면 승객을 지킬지
선택해야 할 때 AI는 어떤 결정을 내릴까? 인간도 쉽게 답하기 어려운 문제야.

학습 키워드　#인공지능 #미래사회 #인공지능투명성 #인공지능윤리
교과 연계　중2 > 2학기 > 기술·가정 > VI-2 적정 기술과 지속 가능한 발전

트롤리 딜레마는 원래 철학에서 나온 문제야. 달리는 전차가 여러 사람을 치기 직전인데, 다른 선로로 바꾸면 한 사람만 희생되는 상황이야. 과연 어떤 선택을 하는 게 옳을까 하는 고민이지. 자율주행차도 도로 위에서 이런 상황을 맞이할 수 있어. 그대로 달리면 보행자가 다치고, 방향을 틀면 승객이 위험해지는 상황 말이야.

실제로 〈사이언스〉에 발표된 국제 연구에서 많은 사람들이 '더 많은 생명을 구하는 선택'을 선호했어. 응답자의 76%가 '승객 1명을 희생하더라도 보행자 10명을 구하는 게 맞다'고 생각했지. 하지만 정작 자신이나 가족이 승객일 수 있다고 생각하면 태도가 달라졌어. 설문에서는 '윤리적으로는 보행자를 구해야 한다'고 하면서도, 막상 차를 고를 때는 승객을 우선 보호하는 차량을 사겠다는 사람이 많았거든. 시민들의 설

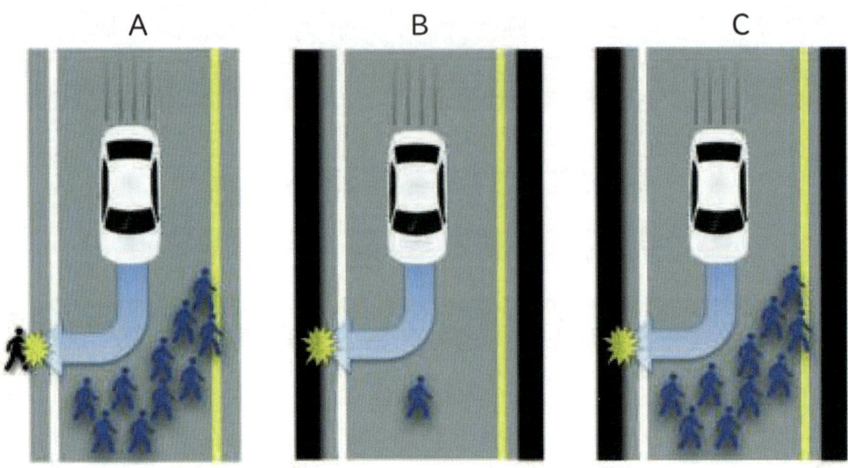

↑ 돌발 상황 시 벌어질 수 있는 자율주행차 트롤리 딜레마 (사이언스)

문조사로 해결할 수도 없고, 그렇다고 기업이나 개발자가 일방적으로 결정할 수도 없어. 심지어 국회나 정부가 법과 제도로 정한다고 해서 해결되는 문제도 아니야. 이렇게 자율주행차의 윤리 문제는 단순하지 않아.

그렇다면 이러한 자율주행 자동차의 윤리 문제는 어떻게 해결해야 할까? 결국 자율주행 자동차 개발 및 사용에 관련된 주체들이 모여 이 문제를 논의하고, 합의하고, 결정하고, 실천하는 과정이 필요해. 윤리 문제에는 정답이 없고, 당시 시대 상황에 맞는 최선의 합의점만 존재하기 때문이야. 윤리는 시대와 세대마다 다르고, 문화권별로 다르며, 나라마다도 달라. 심지어 시간이 지나면 지금 옳다고 여긴 일이 나중에는 비윤리적이라고 평가받기도 하니까.

여러 나라에서는 윤리 가이드라인을 만들고 있어. 독일은 2017년 세계 최초로 〈자율주행차 윤리 지침〉을 발표했고, 우리나라도 2020년에 정부·학계·시민이 함께 〈자율주행자동차 윤리 가이드라인〉을 내놨어. 하지만 윤리는 시대와 문화에 따라 달라지기 때문에 이런 규범도 계속 논의하고 보완해야 해.

결국 중요한 건 사회 전체가 함께 이 문제를 고민하고 합의하는 거야. 기업 혼자서도, 정부 혼자서도 정답을 내릴 수 없거든. 인공지능 윤리에 근거한 자율주행차의 선택이 정말 '최선의 선택'이 되려면, 다양한 목소리가 모여야 해.

그럼 우리 학생들은 어떻게 참여할 수 있을까? 미래의 주인공인 여러분의 의견이 가장 중요해. 지금부터 이런 윤리 문제에 관심을 갖고, 토론하고, 생각을 나누는 경험을 쌓아 가야 해. 학급에서 친구들과 "만약 내가 자율주행차를 설계한다면?"이라는 주제로 토론해 보는 것도 좋은 시작이 될 거야. 왜냐하면 지금 여러분이 성인이 될 무렵에는 자율주행차가 우리 생활 곳곳에 자리 잡을 테니까.

미래를 위한 준비는 지금부터야. 자율주행차의 윤리 문제는 단순히 기술의 문제가 아니라 '우리가 어떤 사회를 만들고 싶은가'라는 질문이야. 더 안전하고, 더 공정하고, 더 인간다운 미래를 위해 지금부터 함께 고민하고 준비해야 해. 그 시작은 바로 여러분 한 명 한 명의 관심과 참여에서 출발하는 거야.

1. 자율주행 자동차와 트롤리 딜레마란 무엇을 의미할까?

   ① 자율주행 자동차의 속도를 급격하게 줄이는 문제
   ② 자율주행 자동차의 디자인을 변경하는 문제
   ③ 자율주행 자동차가 주행하는 도로의 상태를 점검하는 문제
   ④ 자율주행 자동차의 인식 범위를 확장하는 문제
   ⑤ 보행자의 생명과 다른 사람의 생명 중 하나를 선택해야 하는 문제

2. 자율주행 자동차가 트롤리 딜레마 상황에서 어떤 윤리적 기준이 필요할까? 그리고 그 기준이 왜 중요한지 적어 보자.

3. 자율주행 자동차 사용이 늘어나면 발생할 수 있는 법적 문제나 사회적 갈등에 대해 자신의 의견을 작성해보고 그 해결 방안을 정리해 보자.

4. 자율주행 자동차가 일상화되면 교통, 경제, 환경 면에서 어떤 변화가 일어날 수 있는지 예측해 보자.

더 알고 싶어 119　　　　　📖 도서　▷ 영상　🔍 사이트

▷ **자율주행 자동차가 트롤리 딜레마 상황에 처하면 어떤 선택을 할까? (1일1식: 지식eat다)**
자율주행차의 윤리적 판단 문제를 철학적 관점에서 다룬 교양 콘텐츠야. 내용을 확인하고 트롤리 딜레마가 무엇인지 한 줄로 정리해 보자.

🔍 **자율주행차는 승객과 보행자 중 누구를 구해야 하나 (한겨레, 음성원)**
자율주행차의 생명 윤리 문제를 실험과 조사로 분석한 과학 기사야. 사람들의 의견이 어떻게 나뉘는지 알 수 있어. 도덕 시간에 토론 준비할 때 도움이 될거야.

🔍 **자율주행차는 얼마나 윤리적인가② (한국일보, 전창배)**
자율주행 기술의 윤리 기준 마련 필요성을 주장하는 칼럼이야. 전문가의 의견을 들을 수 있어. 인공지능 관련 정책 제안에 관심 있다면 읽어 봐.

AI가 쓴 소설, 작가는 누구?

뜨거운 감자, 인공지능 저작권 문제

인공지능이 만든 그림이나 글은 저작권 논란을 불러오고 있어.
미국에서는 AI 그림이 '인간의 창의성이 부족하다'며 등록이 거부됐지만
사람이 글을 쓰고 AI가 그림을 그린 만화는 저작권이 인정되었지.
그렇다면 AI 작품은 누구의 것일까?

학습 키워드 #인공지능 #미래사회 #인공지능저작권 #인공지능윤리
교과 연계   중2 〉 2학기 기술·가정 Ⅵ-2 적정 기술과 지속 가능한 발전

인공지능은 이제 그림, 음악, 글쓰기 등 다양한 분야에서 인간과 함께 작품을 만들어 내고 있어. 하지만 인공지능이 만든 결과물에 대해 저작권을 어떻게 인정해야 하는지는 여전히 뜨거운 논쟁거리야.

2023년 만우절에는 네이버 웹툰의 썸네일을 AI 표지로 교체해 논란이 있었어. 이와 관련해 당시 권창호 웹툰협회 사무국장은 "AI 관련 저작권 문제 등 부작용이 있는 상황에서 (네이버 웹툰의 AI 표지는) 경솔했다."며 "신중할 필요가 있었다."고 말하기도 했어.

2023년 미국의 여러 작가들은 인공지능 기업을 상대로 집단 소송을 제기했어. 자신들의 작품이 동의 없이 학습 데이터로 쓰였다고 주장한 거지. 인공지능이 새로운 작품을 만들 때 기존 작품의 흔적이 남는다면 원작자의 권리는 어떻게 보호해야 할까? 반대로 인공지능 기업은 '단

▲ 네이버가 시도했던 웹툰 AI 표지 (네이버 웹툰)

어 빈도, 주제 같은 통계적 정보는 저작권 보호 대상이 아니다'라고 맞서고 있어.

우리나라의 경우 인공지능이 자동으로 만든 창작물은 저작권법상 보호 대상이 아니라고 보고 있어. 하지만 사람이 인공지능이 만든 결과물에 창의적인 표현을 더한다면, 그 추가된 부분에 대해서는 저작권을 인정하고 있지. 즉 인공지능 자체는 권리를 갖지 않지만, 이걸 활용한 사람은 일정 부분 보호받을 수 있다는 뜻이야.

이 문제는 단순히 법적인 문제에 그치지 않고 '창작이란 무엇인가?'라는 근본적인 질문으로 이어져. 또, 타인의 작품을 인공지능에 학습시키는 과정에서 윤리적 문제도 생길 수 있지. 그래서 인공지능을 활용할 때는 법적 기준과 함께 윤리 의식을 꼭 지켜야 해.

앞으로 인공지능이 더 널리 쓰일수록 저작권 문제는 더 복잡해질 거야. 중요한 건 사회 전체가 합의점을 찾아가는 과정이야. 인공지능의 창작물에 어떤 권리를 부여할 것인지, 또 사람과 인공지능의 기여도를 어떻게 나눌 것인지에 대한 논의는 계속될 수밖에 없어.

1. 인공지능의 저작권 문제를 해결하기 위한 최우선 과제는 무엇일까?

    ① 창작활동에서 인공지능의 사용을 금지하는 것
    ② 인공지능의 창작물에 대한 법적 기준을 만드는 것
    ③ 인공지능의 창작 활동을 더 발전시키는 것
    ④ 인공지능이 창작한 작품을 모두 무료로 제공하는 것
    ⑤ 인공지능 국회의원을 국회에서 활동하도록 만드는 것

2. 인공지능이 만든 작품에 대해 저작권이 필요하다고 생각해? 왜 그렇게 생각하는지 말해 보자.

3. 인공지능이 다른 사람의 작품을 학습해 새로운 작품을 만드는 경우, 원작자의 권리를 어떻게 보호할 수 있을까? 구체적인 방법을 제시해 보자.

4. 인공지능이 만든 작품을 상업적으로 이용할 때, 어떤 윤리적 태도가 필요할까? 자신의 생각을 이유와 함께 적어 보자.

더 알고 싶어 119 📑 도서　▷ 영상　🔍 사이트

▷ **도대체 누구의 것? AI 저작권 궁금타파! (대한상공회의소)**
　 AI 창작물의 저작권 문제를 쉽게 설명하는 기업 교육 영상이야. 복잡한 법을 간단하게 이해할 수 있어. 인공지능 관련 저작권이 궁금하다면 확인해 봐.

🔍 **인공지능이 만든 그림, 미국 저작권 보호받을 수 없나 (AI Times)**
　 미국 법원의 AI 저작권 판결 사례를 소개한 법률 전문 기사야. 해외 사례를 알면 우리 법도 이해하기 쉬워. 국제법에 관심 있다면 읽어 봐.

🔍 **네이버웹툰에 AI 표지가?... 만우절 헤프닝 독자 반응 '싸늘' (뉴데일리 경제, 김병욱)** AI 그림 사용에 대한 독자들의 반응을 전하는 문화 뉴스야. 대중의 시각을 알 수 있어. 웹툰 좋아한다면 관심 있게 읽을 거야.

AI, 내 일자리를 노린다고?

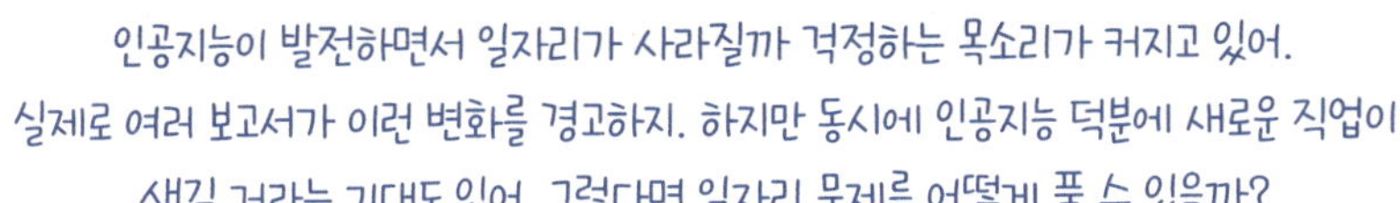

인공지능과 일자리 변화

인공지능이 발전하면서 일자리가 사라질까 걱정하는 목소리가 커지고 있어.
실제로 여러 보고서가 이런 변화를 경고하지. 하지만 동시에 인공지능 덕분에 새로운 직업이
생길 거라는 기대도 있어. 그렇다면 일자리 문제를 어떻게 풀 수 있을까?

학습 키워드 #인공지능 #미래사회 #인공지능 일자리 문제 #인공지능 윤리
교과 연계 중2 > 2학기 > 기술·가정 > Ⅵ-2 적정 기술과 지속 가능한 발전

많은 사람이 "내 일자리는 안전할까?" 하고 걱정해. 실제로 영국의 한 연구소에서는 인공지능 때문에 영국에서만 800만 개의 일자리가 사라질 수 있다고 말했어.

인공지능이 일자리를 줄인다는 얘기는 무섭게 들리지만 반대로 새로운 직업이 생길 거라는 전망도 있어. 인공지능 기술을 만드는 사람, 데이터를 분석하는 사람, 로봇을 다루는 기술자 같은 직업 말이야. 결국 인공지능 시대에는 어떤 기술을 배우고 준비하느냐가 더 중요해진 거야.

국제 금융 지수인 MSCI에서 조사한 자료에 따르면 인공지능 자동화의 영향을 가장 많이 받을 수 있는 분야는 사무 업무와 행정 지원 분야래. 보고서 작성, 회의 예약, 데이터 입력 같은 단순 반복적인 일들은 자동화되기 쉽다는 거야. 그 다음으로 법률 분야, 건축과 공학, 그리고 금

융, 판매, 농업 같은 직업도 영향을 받을 수 있다고 했어.

그런데 다른 의견도 있어. 미국 MIT 연구팀은 자동화의 영향이 생각보다 크지 않을 거라고 주장했어. 예전에도 어떤 직업은 사라지고 새로운 직업이 나타나면서 전체 고용은 계속 유지돼 왔다는 거야. 또, 인공지능이 정말로 인간을 완전히 대체하려면 아직 시간이 많이 걸린다고 해. 지금은 인공지능은 발전 중이긴 하지만 사람의 뇌와 손처럼 유연하게 대응하기는 어렵거든.

문제는 또 있어. 인공지능 기술이 발전했는 데도 인간 노동자의 임금이 오르지 않는 경우가 많다는 거야. 오히려 힘들고 값싼 '저질 일자리'만 남게 되는 위험도 있지. 그래서 인공지능에 투자하는 것만큼 사람들의 교육과 훈련에도 투자가 필요해. 그래야 사람들이 새로운 변화에 적응하고 제대로 대우받으면서 일할 수 있어.

실제로 지금도 배달 라이더, 청소원, 경비원 같은 일자리는 AI가 대체하기 어려워서 남아있지만 임금이 낮고 불안정해. 반면 AI 전문가, 데이터 분석가 같은 고급 기술직은 높은 임금을 받고 있어. 이런 일자리 양극화 현상이 점점 심해질 수 있다는 게 전문가들의 우려야.

이 문제를 해결하려면 재교육 프로그램이 중요해. 은행 창구 직원이 AI 상담 시스템을 관리하는 기술을 배우거나 택시 기사가 자율주행차 관리 기술을 익히는 식으로 말이야. 정부와 기업이 함께 이런 교육 기회를 제공해야 해.

여러분은 어떻게 생각해? 인공지능이 두려운 적일까, 아니면 새로운 기회를 주는 친구일까? 분명한 건 지금 우리가 관심을 갖고 준비해야 미래에도 흔들리지 않고 살아갈 수 있다는 거야. 그렇다면 어떻게 준비해야 할까?

먼저 창의적 사고력을 키우는 것이 필요해. AI는 정해진 패턴에 따라 일하는 건 잘하지만 전혀 새로운 아이디어를 내는 건 아직 어려워 해. 창의적 사고력을 키우려면 독서와 글쓰기를 해봐. 매주 다른 장르의 책을 한 권씩 읽어 보자. SF 소설, 역사서, 과학 서적 등 평소 읽지 않던 분야의 책을 읽으면서 시야를 넓히는 거야. 읽은 책의 내용을 바탕으로 '만약 이 상황에서 다른 선택을 했다면 어떻게 되었을까?' 같은 질문을 만들어 글을 쓰는 연습을 해 봐. 이런 질문들이 창의적 사고의 출발점이니까.

창작 활동도 해보는 게 좋아. 유튜브나 앱을 활용해서 디지털 드로잉을 배우거나 3D 모델링 프로그램을 이용해 작품을 만들어 보는 거야. 드로잉에는 프로크리에이트, 영상 편집에는 캡컷 같은 프로그램을 활용해 봐. 친구들과 함께 웹툰이나 소설, 시나리오를 쓰는 창작 동아리를 만드는 것도 좋은 방법이야.

문제 해결 능력을 기르려면 게임을 활용하는 것도 효과적이야. '코드업' 같은 코딩 게임 사이트에서 문제를 풀거나 논리 퍼즐 앱을 다운받아서 매일 10분씩 해 보자.

다음으로 소통 능력이야. AI가 아무리 발전해도 사람의 마음을 이해하고 공감하는 능력은 따라오기 어려워. 그래서 인간관계와 소통 능력이 더욱 중요해질 거야. 대화 기술과 경청 연습을 꾸준히 하자.

발표와 표현 능력은 학교 동아리 활동에 적극 참여하는 게 좋아. 토론부, 연극부, 방송부 같은 곳에서 활동하면 자연스럽게 표현력을 기를 수 있어. 1분 스피치 연습도 해봐. 매일 다른 주제로 1분간 말하는 연습을 하는 거야. 유튜브 채널을 만들어서 자신의 관심사를 소개하는 것도 좋아.

마지막으로 평생 학습의 자세를 가져야 해. 기술이 빨리 변하는 시대에는 한 번 배운 걸로 평생 버티기 어려워. 계속해서 새로운 것을 배우고 적응하는 능력이 가장 중요한 경쟁력이야. 듀오링고로 새로운 언어를 매일 10분씩 배우거나 칸아카데미, 코세라, 에드X에서 강좌를 들어 보자. 테드, 크래시 코스, 사이언스올 같은 유튜브 교육 채널도 추천해.

학습 기록 습관도 만들어야 해. 오늘 배운 것 3가지를 학습 일기에 적고 완성한 프로젝트는 포트폴리오로 정리하자. '실패 노트'도 작성해 봐. 잘못했던 것과 개선 방법을 기록하면서 같은 실수를 반복하지 않도록 하는 거야. 월간 학습 목표를 세우고 달성도를 체크하는 습관도 기르자.

온라인 커뮤니티 참여도 도움이 돼. 관심 분야의 온라인 스터디 그룹을 찾아서 참여하거나 깃허브에 계정을 만들어서 프로젝트를 공유해. 스택오버플로우 같은 개발자 커뮤니티를 구경하면서 다른 사람들이 어떻게 문제를 해결하는지 배울 수 있어. 디스코드 학습 서버에서 함께 공부하는 친구들을 만나는 것도 좋아.

이렇게 구체적으로 실천하다 보면 AI 시대에도 흔들리지 않는 실력을 기를 수 있을 거야. 중요한 건 완벽하게 하려고 하지 말고 일단 시작해 보는 거야. 작은 것부터 차근차근 해 나가면 어느새 AI와 함께 일할 준비가 되어 있을 거야. AI를 두려워하지 말고 오히려 AI를 활용해서 더 창의적이고 의미 있는 일을 할 수 있는 사람으로 성장해 보자.

1. 다음 중 인공지능의 발전으로 더욱 조명받을 수 있는 직업으로 가장 적절한 것은?

   ① 전화 상담원　　　② 데이터 과학자　　　③ 자동차 공장 노동자
   ④ 은행 상담원　　　⑤ 카페 바리스타

2. 인공지능이 대체할 수 없는 인간의 고유한 능력은 무엇이라고 생각해? 그 이유와
   함께 자신의 생각을 정리해 보자.

3. 인공지능의 발전으로 새롭게 생겨날 직업에는 어떤 것들이 있을지 상상해 보고, 그
   직업들이 어떤 역할을 할 것인지 적어 보자.

4. 인공지능의 발전으로 발생할 수 있는 사회적 불평등 문제에 대해 논의하고, 이를
   해결하기 위한 방안을 제시해 보자.

더 알고 싶어 119

📖 도서　　▷ 영상　　🔍 사이트

▷ **AI에 일자리 뺏겨?···오히려 AI와 동업으로 창업! (YTN)**
AI 그림 사용에 대한 독자들의 반응을 전하는 문화 뉴스야. 대중의 시각을 알 수 있어. 웹툰
좋아한다면 관심 있게 읽을 거야.

🔍 **AI, 전 세계 일자리 40%에 영향···불평등 악화할 것 (AI Times, 임대준)**
국제기구의 AI 일자리 영향 보고서를 분석한 경제 전문 기사야. 전 세계적인 흐름을 알 수
있어. 미래 직업이 궁금하다면 읽어 봐.

🔍 **"AI가 일자리 800만 개 위협" 영국 공공정책연구소 경고 (CIO, Manfred
Bremmer)** 영국의 AI 일자리 연구 결과를 전하는 해외 IT 매체 번역 기사야.
해외 상황도 알아두면 좋아. 글로벌 트렌드에 관심 있다면 읽어 봐.

가짜 사람, 진짜처럼 대해야 할까?

가상 인간의 인격 논쟁

게임 캐릭터나 인공지능 아바타는 이제 실제 사람처럼 대화하고 감정까지 표현해. 그래서 어떤 이들은 메타휴먼 같은 존재를 단순한 프로그램이 아닌 인격체로 볼 수 있지 않을까 생각하지. 그렇다면 가상 존재에게도 인격이 있다고 할 수 있을까?

학습 키워드 #인공지능 #미래사회 #메타휴먼 #버츄얼휴먼 #인격논쟁
교과 연계 중2 > 2학기 > 기술·가정 > VI-2 적정 기술과 지속 가능한 발전

메타휴먼은 단순히 움직이는 그림이나 게임 속 캐릭터가 아니야. 사람의 눈동자 움직임, 목소리, 몸짓까지 파악해서 마치 친구처럼 대화할 수 있도록 만들어진 인공지능 아바타야. 국내 기업 솔트룩스는 버츄얼 휴먼이 단순히 외형만 사람처럼 보이는 아바타라면, 메타휴먼은 진짜로 사람과 소통할 수 있는 지능형 아바타라고 구분하기도 했어.

이렇게 발전된 메타휴먼은 우리 생활 속에서 새로운 친구처럼 다가오지만, 동시에 여러 문제를 불러오기도 해. 예를 들어, 인공지능이 가짜 뉴스나 잘못된 정보를 퍼뜨릴 수도 있고, 성적인 콘텐츠에 부적절하게 이용되는 경우도 있어. 영화 〈정이〉에서도 인간의 뇌를 복제한 메타휴먼이 오용되는 장면이 나오지. 그래서 사람들은 '메타휴먼도 하나의 인격체일까?'라는 질문을 던지기 시작했어.

메타휴먼에게 인격이 있다고 보는 쪽은 이렇게 말해.

첫째, 어떤 메타휴먼은 감정을 표현하고 상황에 따라 다르게 반응해서 사람과 비슷한 느낌을 준대.

둘째, 수준 높은 메타휴먼은 스스로 상황을 인식하고 선택을 내릴 수 있다는 점에서 '자아'를 가진 것처럼 보인다고 해.

셋째, 인간과 비슷한 행동을 보이기 때문에 일정 부분은 인격체로 대우해야 한다는 주장이야.

반대로 인격이 없다고 보는 쪽의 주장도 있어. 메타휴먼은 결국 데이터와 알고리즘으로 움직이는 프로그램일 뿐 진짜 감정이나 경험을 가진 건 아니라는 거야. 또 인공지능의 의사 결정은 사람처럼 직관이나 감정에 따른 게 아니라 미리 짜여진 규칙에 따른 거라서 '인간답다'고 할 수 없다는 거지. 무엇보다 도덕적 책임을 스스로 질 수 없다는 점에서 인격체로 인정하기 어렵다는 의견도 많아.

앞으로 메타휴먼은 점점 더 사람처럼 보이고 사람처럼 말하게 될 거야. 그래서 우리는 더 자주 "이 존재에게도 인격이 있을까?"라고 질문하게 되겠지. 중요한 건 메타휴먼을 어떻게 바라보고, 어떤 규칙과 기준을 세워서 사용해야 할지 함께 고민하는 거야.

1. 다음 중 메타휴먼과 인간의 관계에서 중요한 점은 무엇일까?

   ① 메타휴먼이 항상 인간보다 우월해야 한다.
   ② 인간과 메타휴먼 간의 신뢰와 이해가 필요하다.
   ③ 메타휴먼은 인간의 감정을 이해할 필요가 없다.
   ④ 메타휴먼은 인간을 대신할 수 있어야 한다.
   ⑤ 메타휴먼은 사람과 같은 권리를 가져야 한다.

2. 인공지능 메타휴먼의 인격에 대해 어떻게 생각해? 메타휴먼에게 인격이 있다와 없다 중 하나를 골라 왜 그렇게 생각하는지 적어 보자.

3. 메타휴먼이 인간의 감정을 이해하고 소통할 수 있는 능력이 있다면, 그것이 인간과의 관계에 어떤 영향을 미칠까?

4. 사람이 메타휴먼과 친구가 될 수 있다고 가정할 때, 메타휴먼과의 우정이 인간의 우정과 어떻게 다를 수 있는지 생각해 보자.

더 알고 싶어 119　　　　　　　　　　📑 도서　▷ 영상　🔍 사이트

▷ **가상 인간이 공존하는 디지털 콘텐츠 (다시보는 KTV)**
AI로 만든 가상 인간의 활용 사례를 소개하는 정부 방송 프로그램이야. 버추얼 인플루언서가 뭔지 알 수 있어. 디지털 콘텐츠에 관심 있다면 확인해 봐.

🔍 **"메타버스로 신체 얻은 AI, '양방향 소통'이 존재 이유" [인터뷰] 김성현 솔트룩스 디지털 휴먼팀장 (ZDNET KOREA, 김윤희)**
가상 인간 기술을 개발하는 기업 담당자의 인터뷰를 담은 IT 전문지 기사야. 개발자의 생각을 직접 들을 수 있어. IT 업계에 관심을 갖고 있다면 참고해 봐.

🔍 **세계 1위에도 혹평...그러나 '정이'에 담긴 분명한 메시지 (문화뉴스, 노푸른)**
한국의 가상 인간 '정이'에 대한 평가와 의미를 분석한 문화 칼럼이야. 인공지능의 정체성에 대한 균형 있는 시각을 갖는 데 도움이 될 거야.

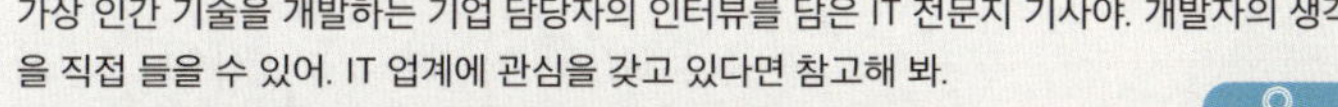

세계가 걱정하는
AI 문제

국제 사회의 인공지능 윤리 기준

스마트폰 음성 인식부터 자율주행차, AI가 만든 그림까지
인공지능은 생활 속에 깊이 들어왔어. 하지만 얼굴 인식으로 사생활이 침해되거나
불공정한 결정으로 사회적 불평등을 낳을 수 있지. 이런 문제를 막기 위해 유네스코는
〈인공지능 윤리에 관한 권고〉를 발표했어.

학습 키워드　#인공지능　#미래사회　#유네스코　#인공지능윤리　#인공지능윤리에관한권고
교과 연계　중2 〉 2학기 〉 기술·가정 〉 Ⅵ-2 적정 기술과 지속 가능한 발전

⬆ 유네스코의 인공지능 윤리 권고 포스터
(유네스코)

유네스코는 2021년에 〈인공지능 윤리에 관한 권고〉를 발표했어. 단순한 선언이 아니라, 전 세계 국가들이 함께 지켜야 할 인공지능 윤리의 첫 국제 기준이라는 점에서 큰 의미가 있어.

먼저, 권고는 인공지능 시대에 왜 윤리가 중요한지 짚고 있어. 단순히 기술이 편리하다고 해서 무조건 사용하는 게 아니라, 인간의 존엄성과 자유를 지키면서 공존할 방법을 고민해야 한다는 거야. 인공지능

이 내리는 결정이 공정한지, 그리고 인간다운 가치를 존중하는지 살피는 게 핵심이지.

두 번째는 권고의 구조와 내용이야. 권고는 '좋은 인공지능이냐', '나쁜 인공지능이냐'를 나누는 게 아니라 인공지능 사회가 어떻게 조화롭게 발전할지를 이야기해. 가치와 원칙 부분에서는 인간 존엄성, 인권, 자유 같은 기본 가치를 반드시 지켜야 한다고 강조했어. 인공지능은 어디까지나 인간을 중심에 두고 발전해야 한다는 '인간 중심주의'를 바탕에 둔 거야.

세 번째는 쟁점과 대응 방안이야. 예를 들어, 인공지능이라는 개념을 어떻게 정의할지도 논의가 있었어. 기술자들은 정밀한 정의를 원했고, 정책가들은 일반 사람들이 쉽게 이해할 수 있는 정의를 원했지. 또, 인공지능의 의사 결정 과정을 '지배control'한다는 표현보다 '관리stewardship'한다는 표현을 써서 더 긍정적이고 협력적인 접근을 택했어.

또 중요한 점은 인공지능의 잠재력과 위험을 지금 우리가 완전히 이해할 수 없다는 거야. 그래서 정책의 효과를 꾸준히 살피고 각 나라가 경험을 공유하며 함께 대응해야 한다고 했어. 특히 저개발국과 개발도상국이 인공지능 발전에서 소외되지 않도록 공정하게 기술을 나누는 것도 강조했어. 이 권고가 말하는 내용은 어쩌면 당연해 보일 수도 있지만 인공지능 윤리에 대해 전 세계가 처음으로 공통 기준을 세웠다는 사실 자체가 역사적인 일이야. 지금은 '권고'라는 이름이지만, 언젠가는 모든 나라가 의무적으로 지켜야 하는 규칙이 될 수도 있겠지.

여러분이 살아갈 미래 사회에서는 인공지능이 지금보다 훨씬 더 큰 역할을 할 거야. 그렇기 때문에 인공지능 윤리 기준은 단순한 약속이 아니라, 우리 모두가 지켜야 할 중요한 약속이 된다는 걸 기억해 두자.

1. 인공지능 윤리에 대한 유네스코의 권고는 어떤 목적으로 만들어졌을까?

   ① 인공지능의 사용을 금지하기 위해서
   ② 지금까지 합의되지 않았던 인공지능의 윤리적 사용 방향을 규정하고 이를 촉
      진하기 위해서
   ③ 인공지능을 개발하는 모든 기업에 세금을 부과함으로써 인공지능 발전을 위한
      기반으로 삼기 위해서
   ④ 인공지능을 인간보다 더 똑똑하게 만들기 위해서
   ⑤ 인공지능을 활용하여 국제적인 통제를 더 강화하기 위해서

2. 유네스코의 인공지능 윤리 권고가 실질적인 효과를 발휘하려면 어떤 노력이 필요할
   까? 개인, 지역사회, 국가의 차원으로 나누어 한 가지씩 노력해야 할 점을 적어 보자.

3. 유네스코의 인공지능 윤리 권고를 주변 사람들에게 효과적이고 효율적으로 알릴
   수 있는 방법은 무엇일까?

4. 유네스코의 인공지능 윤리 권고를 통해 우리는 어떤 변화를 기대할 수 있을까? 자
   신이 기대하고 바라는 점을 두 가지 적어 보자.

 **더 알고 싶어 119**　　　　　📖 도서　▷ 영상　🔍 사이트

▷ **유네스코, 'AI 윤리 권고' 채택…"첫 국제 표준"** (KBS News)
유네스코가 발표한 AI 윤리 가이드 라인의 주요 내용을 전하는 국제 뉴스야. 전 세계가 합의
한 윤리 기준을 알 수 있어. 국제기구에 관심 있다면 읽어 봐. 

🔍 **유네스코, 인공지능 '윤리 권고' 조속 이행 촉구** (AI Times, 임대준)
국제사회의 AI 윤리 협력 현황을 정리한 글로벌 AI 전문 매체 기사야. 각 나라가 어떻게 대
응하는지 알 수 있어. 

AI 잘 쓰려면 윤리가 필요해!

책임 있는 인공지능 사용을 위한 교육

인공지능이 일상 속에 깊숙이 들어온 시대라면 단순히 기술을 배우는 것만으로는 부족해.
기술을 올바르게 쓰기 위한 '윤리 교육'이 꼭 필요하지.
그렇다면 4차 산업혁명 시대의 인공지능 윤리 교육은 어떻게 이루어져야 할까?

학습 키워드 #인공지능 #미래사회 #4차산업혁명 #인공지능윤리 #인공지능윤리교육
교과 연계 중2 〉 2학기 〉 기술·가정 〉 Ⅵ-2 적정 기술과 지속 가능한 발전

정부는 곧 인공지능 디지털 교과서를 본격적으로 도입하려고 해. 이를 위해 학교 인터넷망을 강화하고, 새로운 학습 데이터 시스템을 만들며, 디지털 튜터까지 배치한다고 했어. 하지만 현장 교사들은 '인공지능 교육이 방향은 좋지만 구체적으로 어떻게 해야 하는지 아직 불분명하다'라고 말하기도 해. 이런 상황에서 인공지능 윤리 교육은 더더욱 중요한 과제가 되고 있어.

첫째, 인공지능을 이해하는 기본 교육이 필요해. 인공지능이 무엇인지, 어떻게 작동하는지, 어디에 쓰이는지를 아는 건 출발점이야. 의료 진단, 금융 투자, 자율주행 자동차 같은 실제 사례를 통해 배우면 학생들이 기술의 장점과 단점을 더 잘 알 수 있지.

둘째, 윤리적 문제를 인식하는 게 중요해. 인공지능은 데이터를 기

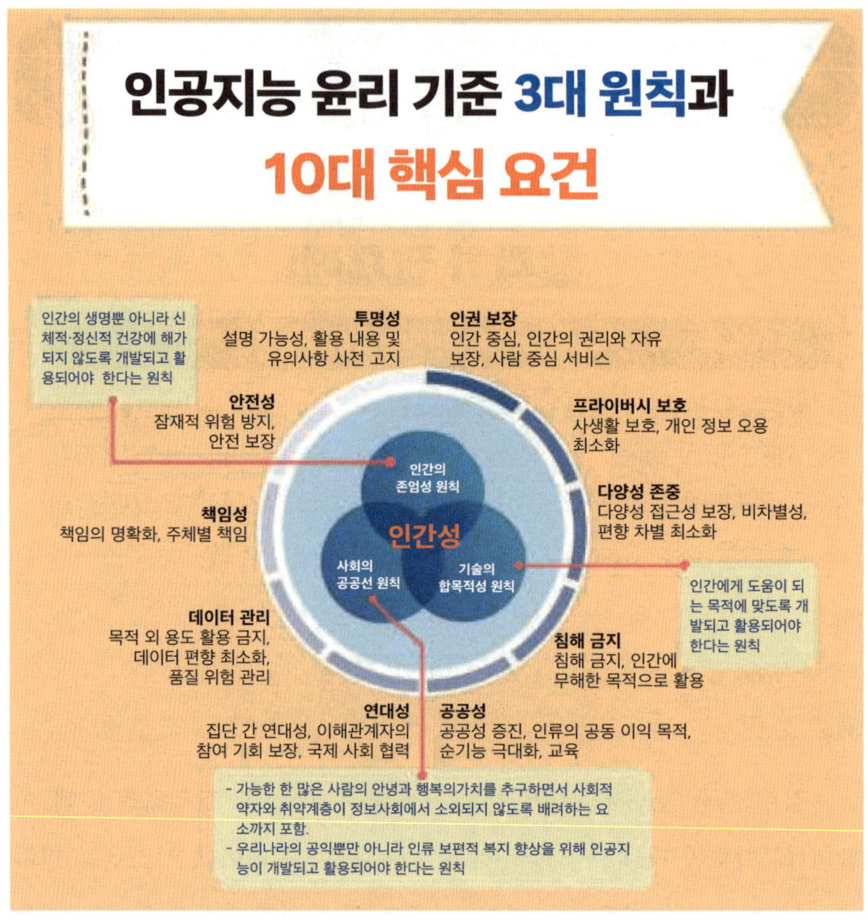

🔺 인공지능 윤리 기준 3대 원칙과 10대 핵심 요건
(과학기술정보통신부·정보통신정책연구원, 『인공지능윤리』 중학생용)

반으로 결정을 내리는데, 만약 데이터에 편향이 있다면 불공정한 결과가 나올 수 있어. 특정 집단이 차별받거나 부당하게 불이익을 받을 수도 있지. 이런 문제를 함께 토론하면서 책임 있는 태도를 배워야 해.

셋째, 실제 사례를 분석하는 학습이 필요해. 예를 들어, 자율주행차가 사고를 냈을 때 책임은 누구에게 있을까? 이런 질문은 단순히 기술을 넘어서 복잡한 윤리 문제를 생각하게 해. 학생들이 비판적으로 사고

할 기회를 얻는 거지.

넷째, 비판적 사고를 기르는 교육이 필요해. 인공지능 기술이 사회에 어떤 변화를 가져오는지, 또 그 변화가 누구에게 유리하거나 불리한지 질문해 보는 거야. 학생들이 기술을 무조건 받아들이는 게 아니라, 질문하고 고민하는 힘을 키우는 게 중요해.

다섯째, 정책과 법률에 대한 이해도 필요해. 인공지능 관련 법과 제도는 계속 변하고 있어. 개인정보 보호, 알고리즘의 투명성, 공정한 활용 등 다양한 규정을 배우면서 학생들은 기술이 사회 규범과 어떻게 연결되는지 알게 돼.

마지막으로, 사회적 책임을 강조하는 교육이 필요해. 기업이 윤리적인 기준을 지키고 사회적 책임을 다해야 하는 것처럼, 개인도 기술을 사용할 때 책임감을 가져야 해. 그래야 인공지능이 모두에게 도움이 되는 방향으로 쓰일 수 있어.

결국 인공지능 윤리 교육은 단순한 기술 수업이 아니야. 기술을 올바르게 이해하고, 문제점을 인식하며, 책임감을 기르는 과정이야. 이렇게 배운 학생들은 미래 사회에서 인공지능을 현명하고 책임 있게 활용할 수 있을 거야.

1. 인공지능 관련 법률과 정책을 이해하는 교육이 필요한 이유는 무엇일까?

    ① 기술 사용의 윤리적 기준을 확립하기 위해서
    ② 법적 책임을 회피하기 위해서
    ③ 기술의 상업적 가치를 높이기 위해서
    ④ 사회적 규범을 무시하기 위해서
    ⑤ 기술 발전의 속도를 감소시키기 위해서

2. 인공지능이 만들어 내는 윤리적 문제 중 데이터 편향성이 우리 사회에 미치는 영향은 어떤 것이 있을까?

3. 기업이 인공지능 기술을 개발하고 사용할 때 사회적 책임을 다하기 위해 고려해야 할 요소는 무엇일까?

4. 4차 산업혁명 시대에 인공지능 윤리교육은 어떻게 변화해야 할까? 그 이유와 함께 구체적인 개선 방안을 한 가지 제안해 보자.

더 알고 싶어 119   📖 도서 ▷ 영상 🔍 사이트

🔍 **AI 디지털교과서(AIDT), 도입해야할까? 토론으로 알아보는 교육정책 (교육TV)**
AI 교과서 도입의 찬반 논란을 균형 있게 다룬 교육 방송 토론 프로그램이야. 양쪽 의견을 모두 들을 수 있어서 토론 준비에 유용해. 교육 정책에 관심 있다면 꼭 봐.

AI 윤리 지킴이,
인공지능 윤리 컨설턴트

AI가 운영하는 온라인 게임에서 특정 성별의 캐릭터만 더 좋은 아이템을 받는다는 걸 발견했다고 가정해 보자. "이게 맞나? AI도 차별을 하네?"라는 생각이 들지 않을까? 실제로 2018년 빅테크 기업 아마존에서는 채용을 도와주는 AI가 여성 지원자들에게 낮은 점수를 주는 사건이 일어났어. AI가 과거 남성 위주 채용 데이터를 학습하다 보니 성별 차별을 하게 된 거지. 이런 문제들을 해결하고 AI가 공정하게 작동하도록 감시하는 사람이 '인공지능 윤리 컨설턴트'야.

인공지능 윤리 컨설턴트는 쉽게 말해서 'AI 세계의 양심 지킴이'라고 할 수 있어. 인공지능이 사람들을 차별하거나 해를 끼치지 않도록 감시하고, 문제가 생기면 해결 방법을 제시하는 전문가지. 그럼 인공지능 윤리 컨설턴트는 구체적으로 어떤 일을 할까?

인공지능 윤리 컨설턴트가 하는 일

- **AI 시스템 윤리 검토**: 회사에서 새로운 AI 서비스를 출시하기 전에 그 AI가 사람들을 차별하거나 불공정하게 대하지 않는지 꼼꼼히 살펴보는 거야. 예를 들어 얼굴 인식 AI가 특정 인종의 얼굴을 제대로 인식하지 못한다면, 이는 큰 문제가 될 수 있어.
- **인공지능 윤리 가이드라인 제작**: 인공지능 개발자들이 따라야 할 윤리적 규칙들을 정하고, 이를 실제로 적용할 수 있는 구체적인 방법을 제시하지. "AI는 사용자의 개인정보를 함부로 사용하면 안 된다", "AI는 투명하게 작동해야 한다" 같은 원칙들을 세우는 거야.
- **인공지능 교육 프로그램 개발**: 회사 직원들이 인공지능 윤리에 대해 올바르게 이해할 수 있도록 교육 자료를 만들고 강의를 진행하는 거야. 개발자, 기획자, 경영진까지 모든 사람이 윤리적인 인공지능을 만들 수 있도록 도와주는 일이야.
- **협력을 통한 인공지능 개선**: 문제 상황이 발생했을 때 해결책을 찾아. AI 서비스를 사용하다가 윤리적 문제가 생기면 그 원인을 분석하고, 사용자들의 불만 사항을 듣고, 기술팀과 협력해서 AI를 개선하는 일도 담당해.

인공지능 윤리 컨설턴트의 하루 일과를 보면 아침에는 팀 회의로 시작해. 어제 AI 시스템에서 발생한 이슈들을 검토하고 사용자들로부터 들어온 윤리 관련 신고 사항들을 확인하지. 오전에는 AI 모델의 윤리성을 평가하는 작업을 해. 새로 개발된 AI가 다양한 상황에서 어떻게 반응하는지 테스트하고, 문제가 있다면 개선 방안을 제시하지. 점심 후에는 윤리 교육 자료를 만들거나 직원 교육을 진행해. 복잡한 윤리 개념들을 쉽게 설명해서 모든 사람이 이해할 수 있도록 하는 것이 중요하거든. 오후에는 다른 부서와 협업하는 시간이야. 개발팀과는 AI 알고리즘의 윤리적 문제점을 논의하고, 법무팀과는 관련 규정을 검토하며 경영진에게는 윤리 위험도를 보고하지. 저녁에는 최신 AI 윤리 연구 동향을 파악하고, 내일의 업무 계획을 세우는 것으로 하루를 마무리해.

그럼 인공지능 윤리 컨설턴트가 되려면 어떻게 준비하면 좋을까? 다양한 분야에 관심을 가져봐. 철학이나 윤리학 관련 책으로는 마이클 샌델의『정의란 무엇인가』나『청소년 철학 콘서트』같은 책부터 시작해 보자. 과학기술 뉴스는 매주 한 번씩 네이버 IT 뉴스나 ZDNet 코리아에서 'AI', '인공지능' 키워드로 검색해서 3개씩 읽고 간단한 감상을 메모해 봐. 사회 문제에 대해서는 뉴스 댓글을 읽으며 분석해 보는 습관을 기르자. 토론과 글쓰기 연습을 위해서는 학교 토론 대회나 지역 청소년센터의 토론 동아리에 참여하고 네이버 블로그나 브런치에 AI 관련 생각을 일주일에 한 번씩 올려 봐. 친구들과는 'AI가 대학 입시를 본다면?', 'AI가 우리 학급 임원을 뽑는다면?' 같은 가상 상황으로 대화해 보자. 기술 기초 소양은 스크래치(scratch.mit.edu)로 간단한 게임을 만들어 보고, 구글의 '티처블 머신'으로 내 목소리나 그림을 인식하는 AI를 직접 만들어 보자. 여름 방학에 국립과천과학관이나 지역 과학관의 AI 체험 프로그램에 참여하는 것으로 쌓을 수 있어.

고등학교에서는 수학에서 확률과 통계를 특히 열심히 하고 과학은 정보 과목을 선택해서 파이썬 기초를 배워 봐. 사회탐구에서는 생활과 윤리, 사회문화 과목을 택하고 영어는 TED-Ed의 AI 관련 영상을 자막 없이 보며 실력을 늘려가자. 대학교에서는 컴퓨터공학+철학, 또는 철학+컴퓨터공학의 복수전공을 추천해. 최근 생긴 'AI융합학부'나 '인공지능학과'에 진학하는 것도 좋은 선택이야. 재학 중에는 AI 윤리 관련 동아리를 만들거나 가입하고 '사회문제 해결 아이디어 공모전'이나 'AI 윤리 해커톤' 같은 대회에 참여하며 졸업 전에 AI 관련 자격증(AI 자격검정, 빅데이터분석기사)을 취득해 보자. 분명 인공지능 윤리 컨설턴트가 되는 길에 좋은 밑거름이 될 거야.

너무 어려워 보인다고? 그럼 일단 내가 인공지능 윤리 컨설턴트라는 직업과 맞는지

를 함께 점검해 보고 지금 바로 시작할 수 있는 간단한 4주 플랜을 살펴보고 직접 알아
보며 실천해 보자.

인공지능 윤리 컨설턴트가 나랑 맞을까? 체크리스트

☐ 불공평한 상황을 보면 참을 수 없고 "이건 잘못된 거 아니야?" 하고 생각해.

☐ 새로운 기술이나 앱이 나오면 관심을 갖고 "이게 어떻게 작동하지?" 궁금해.

☐ 친구들과 토론하는 걸 좋아하고, 다른 사람의 의견도 듣고 싶어해.

☐ "왜 그럴까?", "정말 맞는 걸까?" 같은 질문을 자주 던져.

☐ 다른 사람의 입장에서 생각해 보려고 노력하는 편이야.

☐ 뉴스나 사회 문제에 관심이 많고 어떻게 해결할지를 생각해 보는 편이야.

(이 중 3개 이상이면 인공지능 윤리 컨설턴트와 비교적 잘 맞는 편이라고 할 수 있어.)

지금 바로 시작! 4주 실천 플랜

- **1주차**: AI 윤리 문제 찾아보기

  - 유튜브에서 'AI 차별', 'AI 편향' 관련 영상 시청하기

  - 친구들과 "AI가 불공평하게 행동한 경험" 이야기 나누기

- **2주차**: 윤리적 딜레마 생각해 보기

  - 가족이나 친구들과 함께 'AI 윤리 퀴즈' 만들어 보기

  - '자율주행차 사고 위험 시 누구를 먼저 보호해야 할까?' 토론하기

  - MIT의 'Moral Machine' 웹사이트에서 윤리 실험 참여해 보기

- **3주차**: 실제 AI 서비스 분석하기

  - 유튜브, 인스타그램, 틱톡의 추천 알고리즘 관찰하기

  - '내가 남자/여자라서 다른 영상을 추천받는 건 아닐까?' 생각해 보기

  - 일주일 동안 관찰 일기 써 보기

- **4주차**: 미니 프로젝트 하기

  - '우리 학교 AI 윤리 가이드라인' 만들어보기 (A4 1-2장)

  - '학생용 AI 사용 규칙', '선생님용 AI 활용 원칙' 등 포함

  - 친구들이나 선생님께 발표해 보기

01일차

1. ⑤

2. 튜링 테스트(Turing Test)

   앨런 튜링이 제안한 테스트로 사람이 컴퓨터와 대화를 나누면서 상대방이 사람인지 컴퓨터인지 구별할 수 없다면 그 컴퓨터는 인공지능을 가졌다고 볼 수 있다는 개념이다. 마치 온라인 채팅에서 상대방이 사람인지 AI인지 알아맞히는 게임과 비슷하다.

3. **답안 예시** 인공지능이 인간의 사고방식을 정확히 구현하기 어려운 이유는 다음과 같다. 1) 감정과 직감의 복잡성: 인간은 논리적 사고뿐만 아니라 감정, 직감, 경험에 따른 판단을 종합해서 결정을 내린다. 2) 상황에 따른 유연성: 같은 상황이라도 그때그때 다르게 판단할 수 있는 유연함이 있다. 3) 사례: 친구가 슬퍼할 때, AI는 "괜찮다"는 말을 할 수 있지만, 사람은 그 친구의 성격과 상황을 고려해서 때로는 조용히 옆에 있어주거나, 농담으로 기분을 풀어주는 등 상황에 맞는 다양한 반응을 보일 수 있다.

4. **답안 예시** 1) 해결해야 할 과제 - 창의성과 상상력 구현: 새로운 아이디어를 만들어내는 능력 - 감정 이해와 공감 능력: 인간의 복잡한 감정을 이해하고 반응하는 능력 - 윤리적 판단력: 옳고 그름을 구분하고 도덕적 결정을 내리는 능력 - 상황 맥락 이해: 같은 말이라도 상황에 따라 다르게 해석할 수 있는 능력

   2) 이점 - 의료, 교육, 연구 분야에서 인간을 도와 더 나은 결과를 만들어 낸다. - 위험한 작업을 대신 수행해서 인간의 안전을 보장한다. - 24시간 지속적인 서비스를 제공할 수 있다.

   3) 문제점 - 일자리가 줄어들어서 사회적 문제가 발생할 수 있다. - 인공지능이 주는 편리함으로 인해 인간의 판단력과 사고능력이 퇴화될 우려가 있다. - 인공지능이 고장나거나 해킹당하면 위험할 수 있다.

02일차

1. ①

2. ②

3. **답안 예시** 앞으로도 인공지능의 첨단기는 계속 찾아올 것이다. 1) 이유 - 컴퓨터 성능이 계속 좋아지고 있어서 더 복잡한 AI를 만들 수 있게 될 것이기 때문에. - 인터넷과 스마트폰으로 매일 엄청난 양의 데이터가 만들어지고 있어서, 이 데이터로 AI를 더 똑똑하게 학습시킬 수 있기 때문에. - 전 세계 많은 회사들이 AI 개발에 엄청난 돈을 투자하고 있기 때문에 - 이미 우리 주변에서 AI가 많이 사용되고 있고(스마트폰, 게임, 번역 등), 앞으로 더 많은 분야에서 필요할 것이기 때문에.

   2) 구체적인 예시 - 의료: 병을 더 정확하게 진단하는 AI 의사 - 교육: 개인별 맞춤 학습을 도와주는 AI 선생님 - 교통: 완전 자율주행(FSD) 자동차의 상용화

4. **답안 예시** 1) 법적 장치 - AI 규제법: AI가 잘못된 판단을 했을 때 누가 책임을 질지 정하는 법 - 개인정보 보호법 강화: AI가 개인정보를 함부로 사용하지 못하게 하는 법 - AI 안전 기준: AI가 사람에게 해를 끼치지 않도록 하는 안전 규정 - 알고리즘 투명성 법: AI가 어떻게 결정을 내리는지 공개하도록 하는 법

   2) 윤리적 장치 - 공정성 원칙: AI가 특정 사람이나 그룹을 차별하지 않도록 하는 것 - 투명성: AI의 결정 과정을 사람이 이해할 수 있게 설명하는 것 - 인간 중심: AI는 항상 사람을 도와주는 역할이어야 한다는 원칙 - 프라이버시 보호: 개인의 사생활과 정보를 보호하는 것 - 인간의 최종 결정권: 중요한 일은 반드시 사람이 최종 결정을 내려야 한다는 원칙

03일차

1. ②

2. ①, ⑤

3. **답안 예시** 1) 존중과 배려의 태도가 미쳤을 영향 - AI에 대한 긍정적 인식: 사람들이 AI를 무서워하지 않고 친근하게 생각했을 것이다. - 협력적 관계: AI와 인간이 서로 경쟁하는 게 아니라 함께 발전하는 파트너라고 생각했을 것이다.

   2) 필요한 윤리적 원칙 - 상호 존중: AI와 인간이 서로를 존중하는 관계를 유지해야 한다. - 협력 지향: AI는 인간과 경쟁하기보다는 함께 협력하는 존재여야 한다. - 인간성 보호: AI가 발전한다고 해도, 인간의 존엄성과 가치는 항상 보호되어야 한다.

4. **답안 예시** 1) 발생할 수 있는 윤리적 문제 - 개인정보 수집: 바둑 기사들의 경기 패턴, 전략 등이 무단으로 분석될 수 있다. - 데이터 오남용: 수집된 정보가 본래 목적과 다르게 사용될 수 있다. - 불공정한 경쟁:

AI가 특정 선수의 약점만 집중 공략하도록 설계될 수 있다. - 투명성 부족: AI가 어떤 방식으로 학습하고 결정을 내리는지 알 수 없다.

2) 해결 방안 - 동의와 허가: 개인의 데이터를 사용하기 전에 반드시 본인의 동의를 받아야 한다. - 데이터 보호 시스템: 해킹이나 유출을 막는 강력한 보안 시스템을 구축해야 한다. - 투명한 공개: AI가 어떤 데이터로 학습했는지, 어떻게 결정을 내리는지 공개해야 한다. - 윤리 위원회: AI 개발 과정에서 윤리적 문제를 검토하는 전문가 그룹이 필요하다. - 법적 규제: 데이터 보호와 관련된 법률을 만들어서 지켜야 한다.

04일차

1. ①

2. ③, ④

3. **답안 예시** 1) 스마트폰 음성인식 비서(예: Siri, 구글 어시스턴트): 음성으로 명령하면, 일정 관리나 날씨 정보, 메시지 전송 등 다양한 일을 대신 처리해 준다.
2) 온라인 쇼핑 추천 시스템: 내가 이전에 산 상품, 뉴스, 음악 기록 등을 분석해서 내가 좋아할 만한 상품이나 콘텐츠를 추천해 준다.

4. **답안 예시** 1) 일자리 변화: 반복적이고 힘든 일을 자동화하여 사람이 더 창의적이고 중요한 일에 집중할 수 있게 된다. 새로운 직업도 많이 생길 것이다.
2) 교육과 의료 혁신: 내 수준과 특성에 맞춘 맞춤형 교육, 환자에게 꼭 맞는 치료와 원격 진료 서비스가 확대되어 많은 사람들이 혜택을 누릴 수 있다.

05일차

1. ②

2. 유진 구스트만(Eugene Goostman)
2014년 '유진 구스트만'이라는 대화용 AI가 심사위원 중 33%를 속였다는 이유로 튜링 테스트 통과 논란이 있었다.

3. **답안 예시** 아직 모든 사람이 인정할 만한 뚜렷한 기준은 만들기 어렵다. 왜냐하면 사람마다 인공지능의 지능을 보는 기준이 다르기 때문이다. 앞으로 인공지능 기술이 발전한다면 인간의 '사회적 합의'에 따라 합격기준이 설정될 수 있을 것이다.

4. **답안 예시** 단순히 언어 능력뿐 아니라, 감정 이해, 창의적 문제 해결 능력, 윤리적 판단 등 인간다운 특징을 평가에 넣을 필요가 있다.

06일차

1. ⑤

2. **답안 예시** - 긍정적: 의료, 재난 구조 등 사람이 하기 힘든 일에 큰 도움을 받을 수 있다.
 - 부정적: 일자리가 줄거나, AI가 잘못된 판단을 하면 큰 피해가 발생할 수 있다.

3. **답안 예시** 약인공지능은 특정 분야에 특화되어 반복적인 작업만 수행하며, 강인공지능은 인간처럼 다양한 지능과 문제 해결 능력을 목표로 한다. 추후 약인공지능은 일상·산업에 더욱 확대 적용되고, 강인공지능은 윤리 및 안전 문제와 함께 점차 연구될 것으로 예측된다.

4. **답안 예시** 새로운 일자리 창출을 위한 교육, 재훈련, 복지 및 소득 분배제도, 창의·감성 영역 중심의 직업 개발 등 사회 안전망을 강화해야 한다.

07일차

1. ②

2. **답안 예시** 사만다는 감정 이해, 공감, 대화 능력을 갖춘 인공지능이므로, 실제로 구현될 경우 개인 맞춤형 동반자, 상담자, 친구 역할을 해줄 수 있다. 이로 인해 정서적 도움과 사회적 변화가 기대되지만 인간관계의 변화, 의존성 등의 문제도 함께 고려해야 한다.

3. **답안 예시** 과도한 인공지능 통제력, 악용 가능성, 인간 소외와 위협, 시스템 오작동으로 인한 사회 혼란 등 부정적 영향이 있을 수 있다. 안전장치와 통제 시스템, 윤리 기준이 필수적이다.

4. **답안 예시** - 장점: 편리함, 효율적 시간 관리, 정서적 지원, 개인 맞춤형 서비스
 - 단점: 개인정보 유출 위험, 인간 관계의 변화와 고립, 의존성 증가

08일차

1. ⑤

2. **답안 예시** - 비장애인: 생활의 편의성 증대, 에너지 절약, 시간 효율성 향상 - 장애인: 자립적 생활 지원, 의사소통 쉽고 안전 강화를 통해 삶의 질 향상

3. 알고리즘

4. **답안 예시** 교통사고 감소, 혼잡 완화, 장애인, 노약자의 이동권 확대, 운전 피로 감소 등이 기대되며, 도시 교통 환경이 더 안전하고 효율적으로 변할 수 있다.

09일차

1. ⑤

2. **답안 예시** 대표적인 생활 속 지능 에이전트에는 검색 엔진, 로봇 청소기, 스마트폰 음성 비서가 있다.

3. **답안 예시** 스마트 음성비서는 핸즈 프리 작업, 빠른 정보 검색이 가능하여 생활이 편리해지기 때문에 꼭 필요하다.

4. **답안 예시** 로봇이 인간 감정을 이해하며 행동하면 사람과 더 자연스러운 상호작용이 가능해지고, 돌봄 및 협력 분야에서 큰 장점이 될 수 있다. 그러나 책임 소재와 윤리 문제도 복잡해질 수 있다.

1. ④

2. 답안 예시 대표적으로 애플이 개발한 아이폰의 음성 비서인 Siri가 있다. Siri는 사용자가 음성으로 명령하면 정보 검색, 메시지 전송 등을 도와준다.

3. 답안 예시 국민 안전, 기술 윤리, 국가 경쟁력, 혁신 가능성, 인프라 개선 등을 종합하여 균형 잡힌 기준을 세워야 한다.

4. 답안 예시 - 네이버, 카카오 등 한국 기업들이 AI 챗봇, 자연어 처리 연구에 주력하고 있다.
- 앞으로 인공지능 윤리, 사회 문제 해결, 맞춤형 서비스 개발이 중요해질 가능성이 높다.

11일차

1. ②

2. 데이터

3. 답안 예시 친구들이 좋아할 만한 음악을 추천하는 머신러닝 모델을 만들고 싶다. 이유는 모두가 즐겁게 음악을 들을 수 있도록 도와줄 수 있기 때문이다.

4. 답안 예시 1) 충분하고 다양한 데이터를 많이 모으는 것 2) 좋은 알고리즘을 개발하고 컴퓨터 성능을 높이는 것

12일차

1. ②

2. 답안 예시 알파고 제로가 3일 만에 바둑 천재가 된 비밀은 '탐험'과 '활용'의 완벽한 균형이다. 탐험은 새로운 수를 시도해 보며 "이 자리에 돌을 두면 어떻게 될까?"라고 실험하는 것이고, 활용은 이미 효과가 검증된 좋은 수를 사용하는 것이다. 알파고 제로는 처음에는 90% 탐험으로 모든 가능성을 시도해 보다가 점차 좋은 전략들을 발견하면서 80% 활용으로 바꿔가며 자기 자신과 수백만 번의 대국을 통해 인간을 뛰어넘는 실력을 갖게 되었다.

3. 답안 예시 비지도학습은 정답이 없는 데이터에서 숨겨진 패턴을 스스로 찾아내는 인공지능 기술로 우리 일상 곳곳에서 활용되고 있다. 넷플릭스나 유튜브에서 내 취향에 맞는 콘텐츠를 추천해주고, 스마트폰 사진 앱에서 인물별로 자동 분류해 주는 것이 모두 비지도학습의 결과이다. 이는 우리의 일상을 보다 편리하면서도 효율적으로 계획하는 데 도움을 준다.

4. 답안 예시 비지도학습 기술을 사용한다. K-pop이 세계적으로 성공한 이유 중 하나도 바로 이 추천 시스템 덕분인데, 한국 음악을 들어본 적 없는 외국 사람들도 BTS나 블랙핑크 영상이 자동으로 추천되면서 자연스럽게 K-pop에 빠지게 되었기 때문이다. 음악 스트리밍 서비스의 AI가 사용자들의 음악 취향 데이터에서 숨겨진 패턴을 찾아내어 국경과 언어의 벽을 넘어 K-pop을 전 세계에 퍼뜨리는 데 큰 역할을 했

다고 볼 수 있다.

13일차

1. ②

2. ㉠-B, ㉡-C, ㉢-D, ㉣-A

3. 답안 예시 - 긍정적 영향: 어려운 개념을 쉽게 설명받아 학습 속도가 빨라진다. - 부정적 영향: 인공지능에 대한 과의존으로 스스로 생각하는 능력이 줄어들 수 있다. - 해결책: 인공지능을 답안 작성기가 아닌 학습 도우미로 활용하여 먼저 스스로 생각해본 후 인공지능과 비교하거나, 인공지능을 자료조사와 출처를 정리하는 데만 활용한다.

4. 답안 예시 - 개발하고 싶은 AI 서비스: '스마트 학교 알리미' 서비스 - 해결하고 싶은 문제: AI는 학교 홈페이지, 클래스팅, 가정통신문의 내용을 자동으로 읽어서 시험 일정, 준비물, 행사 등 중요한 정보만 골라내 개인 맞춤형 캘린더로 정리해주고, 미리 알림까지 보내줘서 학생들이 깜빡하고 놓치는 일이 없도록 도와주는 서비스 - 사용할 딥러닝 기술: 생성형 AI

14일차

1. ③

2. 합성곱 신경망은 이미지의 작은 부분들을 나눠서 각각 분석하고 다시 합쳐서 전체를 이해하기 때문에 정확도가 높기 때문이다.

3. 순환 신경망

4. 답안 예시 새로운 강아지나 고양이 이미지를 만들어 광고, 게임 캐릭터, 교육 자료 등에 활용할 수 있다.

15일차

1. ②

2. 답안 예시 고대부터 데이터는 존재했지만, 17세기 이후 과학과 통계학 발달로 더욱 발전했고, 오늘날 빅데이터 시대까지 이르렀다.

3. 답안 예시 - 수치 데이터: 시험 점수, 가격 등
- 비수치 데이터: 사진, 영상, 글
- 추상적 데이터: 행복, 인간 관계 등

4. 답안 예시 실시간 분석, 다양한 센서 활용, 더욱 정교한 AI 학습, 개인 맞춤형 서비스 가능성이 높아질 것이다.

16일차

1. ①, ③

2. 답안 예시 - 효율적인 저장 및 백업(클라우드 등) 시스템 마련한다. - 데이터를 나름대로의 방식대로 관리 및 조직화한다.

3. 답안 예시 개인 맞춤 건강관리 앱, 교통 혼잡 예측 시스템, 맞춤형 쇼핑 추천 등

4. 답안 예시 교통 체증 완화, 질병 조기 발견, 범죄 예방 등

17일차

1. ②
2. **답안 예시** 데이터가 숫자뿐 아니라 사진, 동영상, 음성 등 여러 형태로 존재하는 것을 말한다. 대표적인 예로 SNS 게시글, CCTV 영상, 음성 녹음 등이 있다.
3. **답안 예시** 데이터가 믿을 만한지를 의미한다. 데이터가 믿을 만하고 오류가 적어야 올바른 분석이 가능하다. 부정확하면 잘못된 결론이 나올 수 있다.
4. **답안 예시** 빅데이터에서 가치는 많은 데이터에서 유용한 정보를 뽑아내어 문제를 해결하거나 더 나은 의사결정을 하도록 돕는 것이다.

18일차

1. ④
2. **답안 예시** - 긍정적: 맞춤형 서비스 제공, 사회 문제 해결 도움. - 부정적: 개인정보 유출 우려, 편향된 정보 반복 제공 가능성
3. **답안 예시** - 데이터 분석 능력: 데이터에서 핵심 정보를 잘 뽑아내야 한다.
   - 비판적 사고력: 편향된 정보에 현혹되지 않고 판단할 수 있어야 한다.
4. **답안 예시** 1) MBTI의 좋은 점 - 자신이 어떤 성격인지 알게 되면서 공부나 친구 관계에서 도움이 된다. - 친구들의 성격을 알면 다르게 생각하는 점을 이해하며 다툼이 줄어들 수 있다. - 자기 자신과 친구들이 어떤 점이 강하고 약한지 알아 성장할 수 있다.
   2) 조심해야 할 점 - MBTI는 사람이 가진 다양한 면 중 하나만 보여주는 것이라서 절대적인 답이 아니다. - 검사 결과가 가끔 달라질 수도 있어서 너무 믿으면 안 된다. - 사람을 한 가지 유형으로만 보지 말고, 다양한 모습이 있다는 걸 기억해야 한다.

19일차

1. ④
2. **답안 예시** 학생별로 이해가 어려운 부분을 쉽게 파악하고 싶다. 학생 수준에 맞춘 개인화된 교육 자료를 제공할 수 있다.
3. **답안 예시** 학생의 관심과 성취 데이터를 분석해 적성에 맞는 진로 추천이 가능하다.
4. **답안 예시** 나에게 맞춘 교육 강의를 듣거나 늦은 시간에도 질문에 대한 답변을 받아보고 싶다.

20일차

1. ②
2. **답안 예시** 범죄 예방, 교통 혼잡 완화, 질병 조기 발견, 재난 대응 등
3. **답안 예시** 디지털 리터러시(컴퓨터 이해 능력), 개인 정보 보호 및 윤리 의식

4. **답안 예시** 데이터 편향에 의한 차별 문제와 개인정보 무단 수집과 유출 위험이 있다.

21일차

1. ⑤
2. **답안 예시** 반복적인 업무 감소로 삶의 질이 향상되고, 인간은 보다 창의적이고 전략적인 일에 집중할 수 있게 될 것이다.
3. **답안 예시** - 문제점: 일자리 감소, 사고 발생 시 책임 문제, 기술 의존성이 증가한다. - 해결책: 재교육 및 직업 전환 지원, 명확한 책임 규정 마련이 필요하다.
4. **답안 예시** 데이터 분석가, AI 트레이너, AI 윤리 관리자가 새로운 직업으로 떠오르며, 주로 전문적이고 창의적인 조언자 역할을 수행할 것이다.

22일차

1. ③
2. **답안 예시** - 장점: 진단 정확도 향상, 의료진 업무 부담 감소. - 단점: 책임 소재 불분명, 데이터 편향 문제
3. **답안 예시** 인공지능이 반복적 진단과 분석을 담당, 의사는 환자 맞춤 상담과 최종 판단에 집중할 수 있을 것이다.
4. **답안 예시** - 정부: 정책 지원과 규제 마련
   - 의료진: 인공지능 활용 교육 및 협력
   - 기업: 안전하고 신뢰성 높은 인공지능 시스템 개발

23일차

1. ④
2. **답안 예시** 생활 편의 향상, 안전 강화, 환경 개선, 경제 성장 등의 효과가 커질 수 있다.
3. **답안 예시** 교통 혼잡 알림에 참여, 스마트 서비스 피드백 제공, 자원 절약 실천 등이 있다.

24일차

1. ④
2. **답안 예시** 인공지능에 기반해 학생 각자의 학습 능력과 취향에 맞춰 교육 내용을 다르게 제공하는 방식이다. 이러한 교육이 필요한 이유는 효율적인 학습과 성취도 향상에 기여할 수 있기 때문이다.
3. **답안 예시** - 장점: 개별 약점 보완이 가능하다.
   - 단점: 데이터 편향이나 개인정보 유출 위험이 있다.
4. **답안 예시** 체계적인 데이터 활용, 인공지능 윤리 교육 강화, 학생 자기주도 학습 습관 형성 등이 있다.

25일차

1. ②
2. **답안 예시** 사고 발생 시 책임 소재, 운전자의 개입 기준, 안전 규정 마련이 필요하다. 관련된 제도가 마련

될 시 인공지능 기술에 대한 신뢰 확보와 시장 확대에 긍정적인 영향을 줄 수 있다.

3. 답안 예시 - 센서 기술: 장애물 감지

- 긴급 제동: 사고 방지

- 운전자 감시 카메라: 주의 상태 확인

4. 답안 예시 자율주행차가 완전히 상용화될 정도가 된다면 교통사고가 감소하고, 교통 흐름이 개선될 수 있다. 또한 불필요한 차량 운행을 방지함으로써 환경을 개선하는 데 기여할 수 있다.

26일차

1. ⑤

2. 답안 예시 토양, 기후 정보를 실시간 제공함으로써 농사에 필요한 적절한 물, 비료 투입 시기를 결정하는 데 도움을 줄 수 있다.

3. 답안 예시 - 긍정적인 영향: 생산성 증가, 질병 문제 해결 가능성 향상. - 부정적인 영향: 생태계 교란, 윤리적 문제

4. 답안 예시 - 농민: 농장 효율적 관리, 소득 향상

- 농촌 사회: 인공지능으로 인한 자동화로 인력 감소 우려

- 소비자: 신선한 제품, 가격 안정 기대

27일차

1. ④

2. 답안 예시 - 긍정적 영향: 창작 활동이 더욱 다양해지고 접근성이 증가한다. - 부정적 영향: 저작권 문제, 인간 창의성이 무시될 우려가 있다.

3. 답안 예시 인공지능을 도구로 활용해 반복적 작업은 줄이고 창의적 표현에 집중하는 역할로 변화될 것이다.

4. 답안 예시 - 인공지능: 빠른 제작, 새로운 스타일로 제작이 가능하지만, 섬세하고 풍부한 감정 표현은 어렵다. - 인간: 깊고 섬세한 감정 표현을 할 수 있으며, 창의성을 자유자재로 나타낼 수 있지만 상대적으로 제작 속도가 느리다.

28일차

1. ②

2. 답안 예시 인공지능을 이용해 유명 가수 목소리로 커버곡을 제작하는 것. 이는 팬과 음악가 모두에게 새로운 창작 가능성을 줄 수 있다.

3. 답안 예시 게임 플레이어의 실력에 맞춰 NPC 반응을 자연스럽게 끌어낼 수 있으며, 이러한 상호작용으로 몰입도가 상승할 수 있다.

4. 답안 예시 맞춤형 창의적 콘텐츠가 증가한다.

- 긍정적 영향: 창작 속도가 향상하고 다양한 콘텐츠 생산된다.

- 부정적 영향: 저작권과 창작자 권리 갈등이 발생하고 창의성 감소 우려가 있다.

29일차

1. ③

2. 답안 예시 - 에너지 효율 최적화: 스마트 그리드로 전력 낭비 줄이기. - 환경 모니터링: 대기오염, 수질오염 실시간 감시. - 농업 혁신: 물과 농약 사용량 최적화로 환경과 인간의 건강을 보호.

3. 답안 예시 - 인공지능 기술을 올바른 방향으로 개발하고 사용하는 윤리적 판단을 해야 한다.

- 환경 보호를 위한 정책 결정과 실천을 해야 한다.

4. 답안 예시 - 스마트홈 기기로 에너지 절약을 실천한다. - 건강관리 인공지능 앱을 활용해 가까운 거리는 걸어다니고, 주변의 친환경 대중교통을 이용한다.

30일차

1. ②

2. 답안 예시 - 현재: 화성 탐사 로버의 자율주행, 우주선 설계를 최적화하여 탐사를 진행하고 있다.

- 미래: 더 먼 우주 탐사, 외계 행성의 자원 탐지, 우주 정거장 자동 관리 등을 진행할 수 있다.

3. 답안 예시 방대한 우주 데이터 분석으로 외계 생명체의 신호를 탐지할 수 있다. 이는 인류에게 우주에서의 존재 의미와 생명의 기원을 이해하는 데 도움을 줄 수 있다.

4. 답안 예시 - 인공지능: 정확한 계산과 24시간 모니터링 담당한다. - 인간: 창의적 판단과 예상치 못한 상황에 대응한다. - 협력 효과: 안전성이 향상되고 탐사 효율성이 증대된다.

31일차

1. ②

2. 답안 예시 스마트 그리드로 전력 사용량을 조절할 수 있고 재생에너지 효율을 향상시킬 수 있다. 이로 인해 온실가스를 감소시키고, 에너지 낭비를 방지할 수 있다.

3. 답안 예시 - 대표적인 예시: 드론과 카메라로 멸종위기 동물 모니터링, 밀렵 감시, 서식지 보호구역 관리 등을 할 수 있다.

- 중요성: 생물다양성 보존으로 생태계의 균형을 유지할 수 있다.

4. 답안 예시 인공지능이 개인에게 맞춘 환경 보호 방법을 제안할 수 있다. 관련된 실천 방안으로 에너지 절약 앱을 사용하고 친환경 교통수단 추천을 따르는 방법이 있다.

32일차

1. ②

2. 답안 예시 - 환경에 미치는 영향: 대량 전력 소비로 온실가스 배출이 증가한다. - 해결 방법: 재생에너지

사용하고 에너지 효율적 냉각 시스템 도입한다.

3. **답안 예시** 단기적으로는 전력 소비 증가로 환경 부담 커질 수 있지만, 장기적으로는 효율성 개선으로 환경 보호에 도움이 될 수 있다.

4. **답안 예시** - 인공지능 개발 시 환경 영향을 고려하고 친환경 기술 개발에 투자한다.
   - 개인 차원에서 인공지능 서비스를 반드시 필요한 영역에서만 사용함으로써 에너지를 절약한다.

33일차

1. ⑤

2. **답안 예시** 인공지능은 데이터 분석과 예측을 담당하고 인간은 정책 결정과 실행을 담당한다.
   - 이유: 기후변화는 복합적 문제로써 기술과 사회적 노력이 함께 필요하기 때문이다.

3. **답안 예시** - 활용: 위성 데이터, 기상 관측소 정보를 종합해 패턴을 분석한다.
   - 문제점: 데이터 편향이 발생할 수 있고, 지역별 차이 반영에 한계가 있을 수 있다.

4. **답안 예시** 인공지능의 예측 근거와 한계를 명확히 공지하고 공개해야 한다.

34일차

1. ⑤

2. **답안 예시** 태양광 에너지가 효과적이라고 생각하는 이유는 사실상 무한한 자원이며, 환경 친화적이기 때문이다.

3. **답안 예시** - 경제: 새로운 산업을 창출하고, 에너지 비용을 절감할 수 있다.
   - 일자리: 전통 에너지 일자리가 감소될 우려가 있고, 신기술 일자리가 증가할 수 있다.
   - 생활: 깨끗한 환경이 조성되고, 안정적인 전력 공급이 가능해진다.

4. **답안 예시** 인공지능이 실시간으로 에너지 공급을 조절할 수 있으며, 개인 가정도 에너지 소비자에서 생산자 역할을 할 수 있을 것이다.

35일차

1. ④

2. **답안 예시** - 실시간 대기질 모니터링으로 신속한 경고를 제공할 수 있다.
   - 오염 원인을 추적하여 근본 원인 파악과 대책을 수립할 수 있다.

3. **답안 예시** - 필요성: 대기오염은 국경을 넘나들어 인류의 생명을 위협하는 공동 대응이 필요한 전 지구적인 문제이다. - 사례: 중국발 미세 먼지 대응을 위한 한중일 협력 체계를 구축하는 것.

4. **답안 예시** - 데이터의 정확성을 확보하고, 지역별 특성을 반영한 해석을 시도해야 한다. - 데이터 수집 과정에서 개인정보가 수집되지 않도록 유의해야 하고 수집한 데이터에 대해 투명하게 공개해야 한다.

36일차

1. ②

2. **답안 예시** - 시민의 환경 의식이 향상되어야 하고, 수질 오염에 대한 정부 규제가 체계적으로 강화되어야 한다.
   - 정부 규제와 별도로 기업이 자발적으로 환경에 대해 책임 의식을 높일 수 있는 방법을 실천해야 한다.

3. **답안 예시** - 데이터에 대한 해석 능력과 환경 오염에 대한 보호 의식이 필요하다. - 인공지능 기술에 대한 이해(인공지능 리터러시)와 비판적 사고력이 필요하다.

4. **답안 예시** - 다양한 센서 데이터 교차 검증.
   - 정기적인 시스템 점검과 업데이트.
   - 투명한 데이터 공개와 전문가 검토.

37일차

1. ②

2. **답안 예시** - 사례: 드론을 이용한 멸종위기 동물 모니터링. - 영향: 생태계 보전, 환경 교육 효과, 지속가능한 관광 발전.

3. **답안 예시** 감시 과정에서 야생 동물의 긴장도 증가로 인한 생태계 교란이 발생할 수 있다.

4. **답안 예시** - 긍정적 효과: 동물의 정확한 개체수 파악, 효율적인 보호구역 관리. - 부정적 효과: 과도한 기술 의존, 자연스러운 생태계 변화 방해 우려.

38일차

1. ⑤

2. **답안 예시** - 스마트 조명 시스템 도입으로 불필요한 전력 사용 차단. - 인공지능 교통 최적화로 통학버스 효율적 운행. - 에너지 사용량 모니터링 시스템 설치.

3. **답안 예시** - 장점: 에너지 효율 향상, 실시간 모니터링 가능. - 단점: 인공지능 자체의 전력 소비, 초기 도입 비용 부담.

4. **답안 예시** - 시스템 권고사항을 윤리적으로 판단하여 실천, 에너지 절약 의식 함양.
   - 시스템 오류나 문제점 발견 시 적극적으로 신고.

39일차

1. ③

2. **답안 예시** - 교통 흐름 최적화로 대기오염 감소.
   - 폐기물 수거 경로 최적화로 효율성 향상.
   - 에너지 사용량 실시간 조절로 낭비 방지.

3. **답안 예시** - 장점: 생활 편의성 향상, 환경 보호, 안전성 확보. - 단점: 개인정보 유출 위험, 기술 의존성, 디지털 격차 발생.

4. 답안 예시 - 중요성: 시민들의 요구를 반영한 민주적인 정책 구현, 정책의 실효성 확보. - 인공지능의 역할: 시민 의견을 효율적으로 수집·분석, 시민 참여형 플랫폼 제공.

40일차

1. ③

2. 답안 예시 - 환경 보호, 자원 절약, 경제적 효과.
 - 사회적 인식 개선과 지속가능한 소비 문화 확산.

3. 답안 예시 - 버려지는 음식 종류와 양 자동 측정.
 - 데이터 분석으로 사람들의 음식물 낭비 패턴을 파악하여 개선 방안 제시.

4. 답안 예시 - 방법: 음식물 소비 패턴 분석, 유통기한 관리, 수요 예측. - 혜택: 비용 절감, 환경 보호, 효율적인 자원 사용.

41일차

1. ⑤

2. 답안 예시- 심각하게 나타날 수 있는 분야: 대학교 입시, 회사 신입사원 채용, 금융 대출 심사(불공정한 차별 발생 가능).
 - 해결 방안: 다양한 데이터 수집, 정기적인 편향성 검토, 투명한 인공지능 알고리즘 공개.

3. 답안 예시 - 인공지능 시스템의 투명성과 책임성을 높이는 것이 중요한 이유: 인공지능의 의사결정 과정을 이해할 수 있어야 신뢰성 확보가 가능하다.
 - 인공지능 개발 과정에서 필요한 노력: 개발 과정에서 다양한 분야의 전문가가 참여하고, 지속적으로 모니터링이 이루어져야 한다.

42일차

1. ⑤

2. 답안 예시 - 영향: 개인은 생활 침해 및 이로 인한 경제적 피해, 사회는 정부에 대한 신뢰도 하락, 사회 불안.
 - 예방: 강화된 개인정보 보안 시스템 마련, 개인정보 처리 과정에서의 투명성 확보.

3. 답안 예시 - 더 엄격한 개인정보 동의 절차 마련, 인공지능의 개인정보 처리 과정 투명성과 책임성 상세화 및 의무화
 - 예: 개인정보 자기결정권 강화, 피해 시 구제 방안 확대

4. 답안 예시 - 개인정보 자동 삭제 기능.
 - 사용자 동의 없는 데이터 수집 차단 시스템.
 - 데이터 처리 과정 실시간 알림 기능.

43일차

1. ⑤

2. 답안 예시 - 문제: 책임 소재 불분명, 데이터 편향성에 의해 잘못된 판단을 할 위험성 존재.
 - 해결 방안: 투명한 의사결정 과정, 중요한 의사결정의 경우 인간의 최종 검토 단계 필수화.

3. 답안 예시 - 개발자: 안전하고 윤리적인 인공지능 시스템 개발 책임
 - 책임 소재: 개발 과정의 결함은 개발자, 사용 과정의 오남용은 사용자 책임.

4. 답안 예시 - 개발단계별 책임 범위 명시, 인공지능 보험 제도 도입.
 - 사고 조사 전담 기구 설치, 피해 구제 절차 및 보상 절차 체계화.

44일차

1. ②

2. 답안 예시 - 중요성: 인공지능에 대한 신뢰성 확보, 사고 발생 시 책임 소재 명확화.
 - 영향: 개인-잘못된 선택으로 인한 위험에 직면할 수 있음. 사회-사회적 불신 확산, 인공지능에 대한 신뢰성 약화로 인한 기술 발전 저해.

3. 답안 예시 - 인공지능의 투명한 작동 원리 공개, 인공지능을 올바르게 사용할 수 있는 인공지능 리터러시 교육 강화. - 지속적인 인공지능 성능 검증, 사용자의 피드백을 적극 반영하는 시스템 구축.

45일차

1. ⑤

2. 답안 예시 - 기준: 생명의 존엄성, 최대 다수의 행복, 개인의 자율성 존중 등.
 - 중요성: 기술이 인간의 가치와 일치해야 하므로.

3. 답안 예시 - 문제: 사고 시 책임 소재, 윤리적 판단 기준 갈등. - 해결 방안: 사회적 합의를 도출하고 이를 단계적으로 법으로 제정, 지속적인 사회적 논의 체계 마련.

4. 답안 예시 - 교통: 사고 감소, 교통 흐름 개선.
 - 경제: 운송업 변화, 새로운 서비스업 창출.
 - 환경: 연료 효율성 향상, 대기오염 감소.

46일차

1. ②

2. 답안 예시 - 필요하다고 생각하는 이유: 인공지능을 윤리적으로 이용하기 위한 인공지능의 창작 활동 보호와 창작자에 대한 공정한 보상 체계 구축.
 - 필요 없다고 생각하는 이유: 인공지능은 창작 도구일 뿐, 인간 창작자만 보호받아야 함.

3. 답안 예시 - 학습 데이터 사용 허가 제도 도입.
 - 원작자에게 일정 비율 저작권료 지급.
 - 출처 표시 의무화.

4. 답안 예시 - 원작자의 권리 존중, 투명한 인공지능 활

용 과정 공개.
- 소비자에게 인공지능 생성 작품임을 명시.

47일차

1. ②

2. 답안 예시 - 능력: 창의성, 감정적 공감, 윤리적 판단력, 복합적 문제 해결 능력 및 상황 판단 능력 등. - 이유: 인간만의 직관과 경험, 감정이 필요한 영역이기 때문.

3. 답안 예시 - 직업: 인공지능 트레이너, 데이터 큐레이터, 인공지능 윤리 전문가.
- 역할: AI 시스템 관리, 인간과 인공지능의 협력 지점을 찾아내고 조정하는 역할.

4. 답안 예시 - 문제점: 기술 격차, 일자리 양극화, 디지털 소외. - 해결 방안: 전 국민 AI 교육, 일자리 전환 지원, 사회 안전망 강화.

48일차

1. ②

2. 답안 예시 - 인격 있다: 감정 표현과 상호작용 능력이 인격의 기준.
- 인격 없다: 프로그래밍된 반응일 뿐 진정한 의식 없음

3. 답안 예시 - 긍정적: 더 자연스러운 상호작용, 심리적 지원 가능.
- 부정적: 인간 관계의 진정성 혼란, 과도한 의존 위험.

4. 답안 예시 - 메타휴먼: 일방적 지원, 예측 가능한 반응.
- 인간: 상호적 관계, 예측 불가능하지만 깊은 감정 교류.

49일차

1. ②

2. 답안 예시 - 개인: 인공지능 윤리 의식 함양, 책임감 있는 인공지능 사용.
- 지역사회: 윤리 교육 프로그램 운영, 시민 참여 확대
- 국가: 관련 법제도 정비, 국제 협력 강화.

3. 답안 예시 - 학교 교육과정에 포함, SNS 캠페인 전개.
- 실생활 사례 중심의 쉬운 설명 자료 제작.

4. 답안 예시 - 인공지능 기술의 투명성과 신뢰성 향상.
- 모든 사람이 인공지능의 혜택을 공정하게 누리는 사회 구현.

50일차

1. ①

2. 답안 예시 - 특정 집단에 대한 차별과 불평등 심화
- 사회적 신뢰 저하, 기술 발전 저해.

3. 답안 예시 - 투명한 개발 과정 공개, 사용자 안전 보장.
- 사회적 약자 보호, 환경 영향 최소화.

4. 답안 예시 - 변화: 실제로 바로 적용가능한 인공지능

윤리 교육, 세계적인 맥락에서 다양한 분야를 아우르는 접근, 평생교육 체계 구축.
- 개선 방안: 체험형 학습 확대, 사회 각 분야의 전문가가 참여하는 토의 마련, 지속적 업데이트.

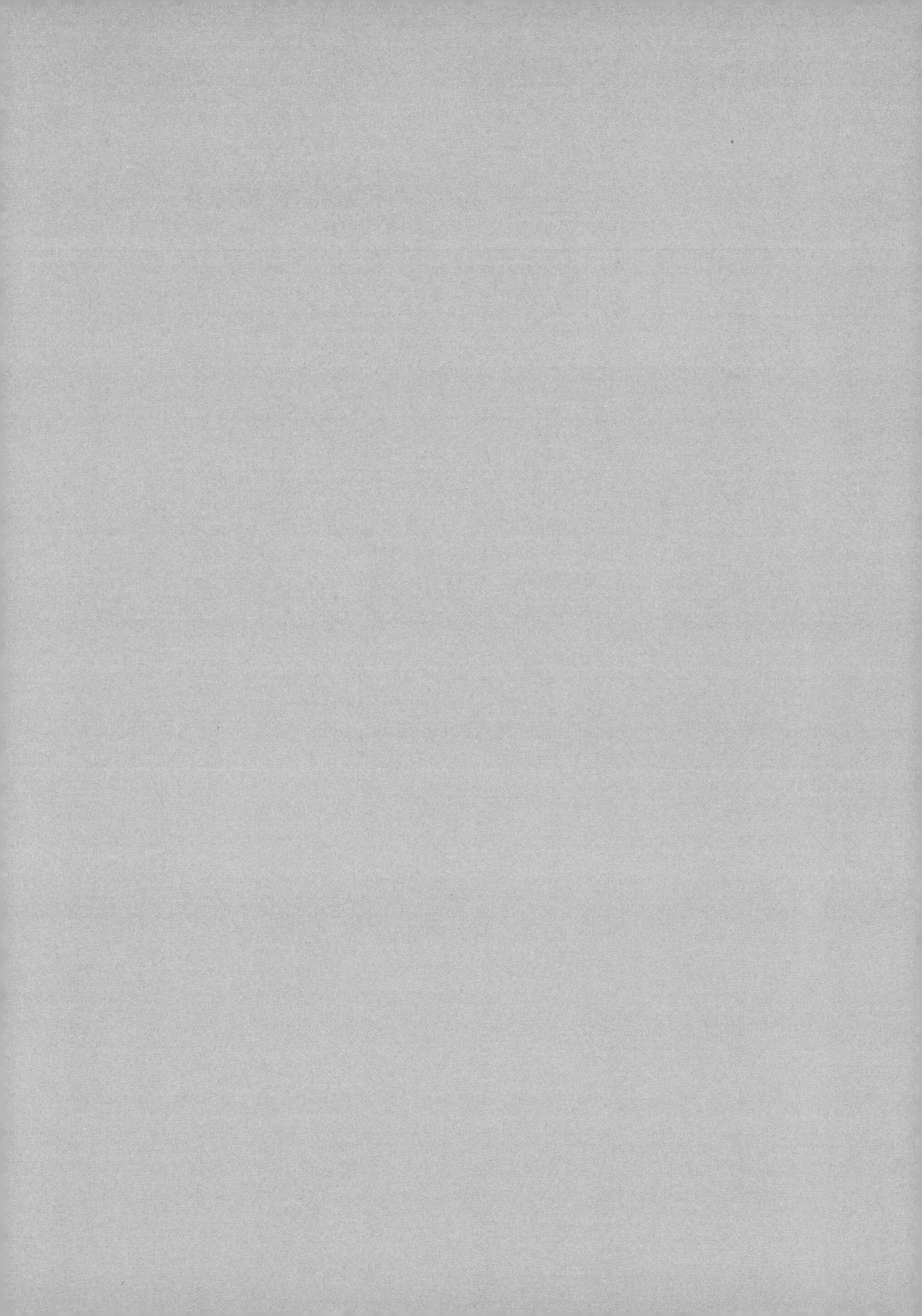